Dr. Joseph Murphy

Entfesseln Sie die Macht Ihres Unterbewusstseins

Dr. Joseph
MURPHY

Entfesseln Sie die Macht Ihres Unterbewusstseins

52 Affirmationen

Die Essenz des Weltbestsellers

Aus dem Amerikanischen
von Elisabeth Schmalen

Bibliografische Information der Deutschen Bibliothek

Die Deutsche Bibliothek verzeichnet diese Publikation in der Deutschen Nationalbibliografie; detaillierte bibliografische Daten sind im Internet unter http://dnb.de abrufbar.

Penguin Random House Verlagsgruppe FSC® N001967

5. Auflage

Aus dem Amerikanischen von Elisabeth Schmalen

Redaktion: Dr. Ulrike Strerath-Bolz
Umschlaggestaltung: Nele Schütz Design, München
Satz: Satzwerk Huber, Germering
Druck und Bindung: PBtisk a.s., Příbram
Printed in Czech Republic
ISBN: 978-3-424-20181-9

Inhalt

Teil 3: Weitere Techniken, um Gedanken im Unterbewusstsein zu verankern

Einleitung

Sie haben die unglaubliche Fähigkeit, genau das zu sein, zu tun und zu bekommen, was Sie sich wünschen, vorstellen und tief in sich drin glauben. Doch leider schöpft nur ein kleiner Teil der Menschen dieses Potenzial aus, weil es den meisten nicht gelingt, die Macht des Unterbewusstseins – die göttliche Macht in ihnen und ihrer Umgebung – zu erkennen und einzusetzen.

Das Geheimnis des Erfolgs ist eigentlich gar kein Geheimnis. Es wird seit Tausenden von Jahren praktiziert. Seit jeher sind stets die Menschen am erfolgreichsten, die nicht einfach akzeptieren, was ihnen vorgesetzt wird, sondern sich ein besseres Leben ausmalen und so fest daran glauben, dass sie es tatsächlich herbeiführen – und auf diese Weise ihre Umgebung verändern.

In diesem Buch lernen Sie, wie Sie sich durch Ihre Wünsche, Ihre Vorstellungskraft und Ihren Glauben eine neue Realität schaffen:

- **Teil 1: Grundlagen der Affirmation.** Hier erfahren Sie, wie Sie Gedanken in Ihrem Unterbewusstsein verankern, damit es Wunder wirken und sie in die Realität umsetzen kann, oft mit geringen oder ganz ohne Anstrengungen Ihrerseits.

- **Teil 2: Affirmationen für jede Woche.** Diese 52 Affirmationen ermöglichen es Ihnen, in Ihrem Leben Verbesserungen aller Art herbeizuführen, unter anderem in den Bereichen Gesundheit, materieller Wohlstand, zwischenmenschliche Beziehungen, Ehe und beruflicher Erfolg. Jede Affirmation ist mit einem Kommentar versehen, der einen Bezug zum Alltagsleben herstellt, damit Sie ein klares Bild von der neuen Realität bekommen, die Sie erwartet, und sie schätzen lernen.
- **Teil 3: Weitere Techniken, um Gedanken im Unterbewusstsein zu verankern.** Diese zusätzlichen Methoden ermöglichen es Ihnen, Gedanken in Ihr Unterbewusstsein zu übertragen und Ihren Blick zu schärfen. Je klarer und deutlicher Sie vor sich sehen, wie Sie genau das tun oder bekommen, was Sie sich herbeisehnen, desto sicherer wird sich dieser Wunsch erfüllen.

Dieses Buch wird Ihnen zu einem glücklicheren, reicheren und erfüllteren Leben verhelfen. Wenn Sie die Anweisungen auf den folgenden Seiten befolgen, müssen Sie sich nicht länger als Opfer der Umstände fühlen, sondern können Ihr Schicksal selbst in die Hand nehmen. Sie werden entdecken, wie Sie die Kraft Ihrer Gedanken und die endlosen Ressourcen in Ihrer Umgebung dazu nutzen können, das zu sein, zu tun und zu bekommen, was Sie sich wünschen, vorstellen und glauben.

Teil 1: Grundlagen der Affirmation

Warum ist ein Mensch traurig und ein anderer glücklich? Warum ist ein Mensch fröhlich und wohlhabend, ein anderer hingegen arm und trübsinnig? Warum ist ein Mensch ängstlich und nervös, ein anderer von Vertrauen und Zuversicht erfüllt? Warum nennt ein Mensch ein schönes, luxuriöses Heim sein Eigen, während ein anderer ein kärgliches Dasein fristet? Warum steht ein Mensch als großer Gewinner da, während sich ein anderer als totaler Versager fühlt? Warum ist ein Redner mitreißend und wird von allen gefeiert, während ein anderer nur Mittelmaß und eher unbeliebt ist? Warum gilt ein Mensch als Genie in seinem Bereich, während ein anderer sich sein ganzes Leben lang abmüht, ohne etwas Bedeutendes zu erreichen? Warum wird ein Mensch von einer als unheilbar bezeichneten Krankheit kuriert und ein anderer nicht? Warum erleben so viele gütige, gläubige Menschen die Qualen der Verdammnis an Körper und Seele? Warum sind so viele unmoralische und ungläubige Menschen erfolgreich, wohlhabend und erfreuen sich bester Gesundheit? Warum ist eine Frau glücklich verheiratet und ihre Schwester so unzufrieden und frustriert?

Die Antworten auf all diese Fragen ergeben sich aus der Wirkungsweise des Bewusstseins und des Unterbewusstseins. Über das Bewusstsein kann man das Unterbewusstsein dazu bringen, positiv zu denken. Dann kann die Macht des Unterbewusstseins Sie aus Chaos, Elend, Trübsinn und Scheitern erheben und Sie zu Ihrem wahren Platz führen, Ihre Probleme lösen, emotionale und körperliche Fesseln durchtrennen und Sie auf den Königsweg zu Freiheit, Glück, Gesundheit, Reichtum und Seelenfrieden führen. Wer lernt, seine inneren Kräfte einzusetzen, entdeckt, wie man sich die Realität seiner Träume erschafft.

Bewusstsein und Unterbewusstsein

Der Geist besteht aus zwei Ebenen – der bewussten (rationalen) und der unterbewussten (kreativen/intuitiven) Ebene. Mit dem Bewusstsein denken und schlussfolgern wir, und alle Gedanken, die uns regelmäßig durch den Kopf gehen, sinken in das Unterbewusstsein hinab, das dann eine entsprechende Realität erschafft. Das Unterbewusstsein ist der Sitz der Gefühle und der Kreativität.

Wenn Sie gute Dinge denken, geschieht auch Gutes; wenn Sie schlechte Dinge denken, geschieht Schlechtes. So funktioniert unser Geist.

Das Wichtigste, das wir uns immer vor Augen führen müssen, ist, dass das Unterbewusstsein jede Idee, die es aufnimmt, auch umsetzt. Das Interessante und Raffinierte daran ist, dass das sowohl für gute als auch für schlechte Ideen gilt. Diese Gesetzmäßigkeit kann bei negativen Gedanken Misserfolg, Frust und Unzufriedenheit auslösen. Doch wer sich harmonische und konstruktive Gedanken zur Gewohnheit macht, kann dadurch zu Gesundheit, Erfolg und Reichtum gelangen. Was auch immer Sie gedanklich einfordern und für wahr erklären, wird von Ihrem Unterbewusstsein akzeptiert und herbeigeführt. Ihr Bewusstsein erteilt den Befehl, und das Unterbewusstsein formuliert getreulich einen Plan, wie dieser in die Realität umgesetzt werden kann.

Das Gesetz des Geistes besagt: Das Unterbewusstsein reagiert auf die Gedanken und Ideen in Ihrem Bewusstsein, egal, welcher Natur sie sind.

Psychologen und Psychiater weisen darauf hin, dass Gedanken, die an das Unterbewusstsein übermittelt werden, die Gehirnzellen entsprechend prägen. Sobald das Unterbewusstsein eine Idee aufnimmt, macht es sich sofort daran, sie umzusetzen. Es reagiert auf Anregungen und nutzt jedes bisschen Wissen, dass Sie in Ihrem Leben angesammelt haben, um sein Ziel zu erreichen. Dafür greift es auf die unendliche Kraft, Energie und Weisheit in Ihrem Inneren zurück und macht sich alle Naturgesetze zunutze. Manchmal findet es sofort eine Lösung für die Probleme, in anderen Fällen dauert es Tage, Wochen oder noch länger … Seine Wege sind für den menschlichen Verstand unergründlich.

Durch die Weisheit des Unterbewusstseins können Sie den idealen Mann oder die ideale Frau finden, aber auch den richtigen Geschäftspartner. Das Unterbewusstsein sucht Ihnen den richtigen Käufer für Ihr Haus und verschafft Ihnen das nötige Geld und die finanzielle Freiheit, um sich Ihre Herzenswünsche zu erfüllen.

Ich habe selbst miterlebt, wie die Macht des Unterbewusstseins schwer gezeichnete Menschen aufrichtete und ihnen ihre Gesundheit, Vitalität und Kraft zurückgab, sodass sie wieder froh und glücklich in die Welt hinauszogen. Ihr Unterbewusstsein beherbergt eine wundersame Heilkraft, die einen unsteten Geist und ein gebrochenes Herz heilen kann. Es kann die Kerkertür des Geistes aufstoßen und Sie befreien. Es kann alle materiellen und körperlichen Fesseln sprengen.

Wie Affirmationen funktionieren

Eine Affirmation ist eine Bestätigung, dass etwas existiert oder tatsächlich wahr ist. Betrachten Sie Ihren Geist als einen Garten. Sie sind der Gärtner und die Affirmationen die Gedanken-Samen, die Sie bewusst in die Erde des Unterbewusstseins einpflanzen. Was auch immer Sie dort säen, können Sie später in der Außenwelt ernten. Daher ist es von größter Bedeutung, dass Sie Ihrem Geist positive Bilder aufprägen und fest daran glauben, dass diese Vorstellungen hier und heute wahr sind.

Fangen Sie jetzt damit an, Gedanken des Friedens, des Glücks, des richtigen Handelns, des Wohlwollens und des Wohlstands zu säen. Denken Sie ruhig und konzentriert an diese Dinge und akzeptieren Sie sie voll und ganz in Ihrem vernunftbegabten Bewusstsein, von wo aus sie in Ihr Unterbewusstsein übergehen werden. Pflanzen Sie diese wundervollen Samen der Affirmationen in den Garten Ihres Geistes ein, und Sie werden eine reiche Ernte einfahren.

Wenn Sie das richtig machen, wenn Sie die Wahrheit erfassen, wenn die Gedanken, die Sie an Ihr Unterbewusstsein übermitteln, konstruktiv, harmonisch und friedvoll sind, wird die magische Macht Ihres Unterbewusstseins entsprechend reagieren und für harmonische Umstände, ein angenehmes Umfeld und das Beste von allem sorgen. Wenn Sie in der Lage sind, Ihren Gedankenfluss zu steuern, können Sie die Macht des Unterbewusstseins auf jedes Problem und jede Schwierigkeit anwenden. Anders formuliert: Sie werden bewusst mit der unendlichen Macht und den allmächtigen Prinzipien zusammenarbeiten, die in Ihnen und um Sie herum wirken.

Religiöse Überzeugungen spielen keine Rolle

Obwohl die Kraft des Unterbewusstseins auf Glauben basiert, hat sie nichts mit religiösen Überzeugungen zu tun. Sie existierte bereits, bevor Sie und ich geboren wurden, bevor es irgendeine Kirche oder auch nur die Welt gab. Die großen, ewigen Wahrheiten und Prinzipien des Lebens sind älter als alle Religionen. Behalten Sie das im Kopf, wenn ich Ihnen diese wundervolle, magische, alles verändernde Kraft näherbringe, die geistige und körperliche Wunden heilt, den ängstlichen Geist befreit und jegliche Beschränkungen durch Armut, Misserfolg, Not, Mangel und Frust aufhebt. Dafür müssen Sie nichts weiter tun, als geistig und emotional mit dem Guten in Verbindung zu treten, das Sie herbeiführen möchten – dann werden die kreativen Kräfte Ihres Unterbewusstseins entsprechend reagieren. Fangen Sie heute damit an, lassen Sie Wunder geschehen!

Das Gesetz des Lebens ist das Gesetz des Glaubens, und *Glauben* kann auch als ein Gedanke in Ihrem Kopf beschrieben werden. Was ein Mensch denkt, fühlt und glaubt, wirkt sich auf seinen Geist, seinen Körper und seine Lebensumstände aus. Eine Methodik, die auf dem Verständnis dessen beruht, was man tut und warum man es tut, sorgt dafür, dass das Unterbewusstsein lauter Wohltaten herbeiführt. Im Grunde bedeutet ein erhörtes Gebet nichts anderes als die Erfüllung Ihrer Herzenswünsche, unabhängig von religiösen Überzeugungen. So werden die Gebete von Buddhisten, Christen, Muslimen und Juden nicht aufgrund bestimmter Ansichten, Rituale, Zeremonien, Formeln, Liturgien, Anrufungen oder Opfergaben erhört, sondern nur aufgrund des Glaubens, der mentalen Aufnahmefähigkeit und Akzeptanz dessen, worum die Betenden bitten. Selbst ein Agnostiker, der sich etwas von Herzen wünscht und fest daran glaubt, dass er es erhalten wird, bekommt seinen Wunsch erfüllt.

Obwohl die Affirmationen in diesem Buch teilweise das Wort »Gott« enthalten, können Sie es ohne Weiteres durch eine Bezeichnung ersetzen, die am ehesten Ihren Überzeugungen entspricht, etwa »Allah«, »Jahwe«,

»Brahman«, »Herr«, »Allmächtiger«, »Heiliger Geist«, »Tao«, »Großer Geist« oder »Höhere Macht«. Wir beten zu einer Instanz und Macht, die nicht auf die Person sieht – zum unendlichen Leben und zur unendlichen Intelligenz. Beten heißt ganz einfach, voller Inbrunst und Glauben eine Affirmation auszusprechen.

Von der Macht und Notwendigkeit des Glaubens

Das Gesetz des Geistes ist das Gesetz des Glaubens. Das bedeutet, daran zu glauben, wie der Geist funktioniert, an den Glauben selbst zu glauben. Der Glaube des Geistes ist der Gedanke des Geistes – so einfach ist das. So wie die nicht greifbare Macht der Liebe einen Seelenverwandten anziehen kann, so kann auch die nicht greifbare Macht des Glaubens Gesundheit, Reichtum, Weisheit und ein erfülltes Leben herbeiführen.

All Ihre Erfahrungen und Taten, alle Ereignisse und Umstände, die Sie erleben, sind Reaktionen des Unterbewusstseins auf Gedanken. Behalten Sie im Kopf, dass nicht das, woran geglaubt wird, sondern der Glaube an die Macht des Geistes zum Ergebnis führt.

Hören Sie auf, falschen Überzeugungen, Ansichten, abergläubischen Vorstellungen und den Ängsten der

Menschen anzuhängen. Glauben Sie stattdessen an die ewigen Wahrheiten des Lebens, die sich nie verändern. Wer dieses Buch liest und die Prinzipien des Unterbewusstseins anwendet, kann von da an Gutes für sich selbst und andere bewirken. Das Wort wird Fleisch, der Gedanke nimmt Form an – gemäß dem universellen Gesetz von Aktion und Reaktion. Dabei stellt der Gedanke die Ausgangshandlung dar. Die Reaktion darauf erfolgt im Unterbewusstsein, stets in Übereinstimmung mit der Natur des Gedankens. Wenn Sie Ihren Geist mit Gedanken der Harmonie, der Gesundheit, des Friedens und des Wohlwollens beschäftigt halten, werden Sie wahre Wunder erleben.

Durch Affirmationen Glauben erzeugen

Glaube kann auf verschiedenen Wegen geschaffen werden, darunter zählen auch die folgenden vier:

- **Erfahrungen:** Durch Erfahrungen und die Wahrnehmung wissen wir bestimmte Dinge und Umstände, etwa, dass Feuer heiß ist.
- **Verstand:** Durch den Verstand gelangen wir zu der Schlussfolgerung, dass es etwas gibt oder dass

es auf bestimmte Weise funktioniert. So glauben zum Beispiel die meisten Menschen an die Evolution durch natürliche Selektion, weil dies die Artenvielfalt der Welt auf sinnvolle Weise erklärt.

- **Überzeugungen:** Manchmal glaubt man auch einfach ohne Beweise oder Erklärungen an etwas, das über die Wahrnehmung und den Verstand hinausgeht.
- **Affirmationen oder Suggestion:** Durch Suggestion oder Autosuggestion kann man ebenfalls zu der Überzeugung gelangen, dass etwas existiert oder ein bestimmter Ausgang unvermeidlich ist. Ein Beispiel für die Macht der Suggestion ist die Hypnose. Wenn das Bewusstsein außer Kraft gesetzt ist, ist das Unterbewusstsein viel empfänglicher für Einflüsterungen. Doch auch ohne Hypnose haben Suggestionen und regelmäßig wiederholte Affirmationen prägende Auswirkungen auf das Unterbewusstsein.

Wie Affirmationen wirken

Die Wirksamkeit einer Affirmation hängt größtenteils davon ab, mit welchen Augen Sie die Wahrheit und die Bedeutung hinter den Worten sehen; eine Affirmation ist schlicht die Anerkennung einer universalen Wahrheit. Deshalb besteht Ihre Macht in der intelligenten Anwendung konkreter positiver Gedanken. Das gleiche Prinzip gilt, wenn ein Junge drei und drei zusammenzählen soll und sieben auf die Tafel schreibt. Der Lehrer vermittelt ihm die mathematische Wahrheit, dass drei und drei sechs sind, also ändert der Junge seine Antwort entsprechend ab. Es ist nicht die Aussage des Lehrers, die aus drei und drei sechs macht, es handelt sich um eine schlichte Tatsache. Diese Erkenntnis bringt den Jungen dazu, die Zahl an der Tafel zu ändern.

Es ist unnormal, krank zu sein; normal ist es, gesund zu sein. Gesundheit ist der wahre Grundzustand. Wenn Sie mithilfe einer Affirmation Gesundheit, Harmonie und Frieden für sich selbst oder jemand anderen einfordern und dabei anerkennen, dass es sich um universelle Prinzipien des Daseins handelt, wird diese Erkenntnis die negativen Denkmuster im Unterbewusstsein durch positive ersetzen, die auf die universelle Wahrheit der gesunden Existenz ausgerichtet sind.

Der Erfolg von Affirmationen hängt davon ab, ob Ihre Gedanken mit den Prinzipien des Lebens übereinstimmen, ganz unabhängig vom äußeren Erscheinungsbild. Führen Sie sich kurz vor Augen, dass es ein Prinzip der Mathematik gibt, aber keines der Fehler; ein Prinzip der Wahrheit, aber keines der Unehrlichkeit; ein Prinzip der

Intelligenz, aber keines der Unwissenheit; ein Prinzip der Harmonie, aber keines der Uneinigkeit; ein Prinzip der Gesundheit, aber keines der Krankheit. Und eines der Fülle, aber keines der Armut.

Ich habe die Affirmationsmethode angewandt, als meine Schwester in England im Krankenhaus lag, weil ihr Gallensteine entfernt werden sollten. Die Operation war auf der Grundlage von Untersuchungen und den üblichen Röntgenaufnahmen angesetzt worden. Catherine bat mich, für sie zu beten. Zwischen uns lagen über 10.000 Kilometer, doch für das Prinzip des Geistes spielen Zeit und Raum keine Rolle. Die unendliche Intelligenz ist zu jeder Zeit überall gleich präsent. Ich verschwendete keinen Gedanken an die Symptome oder Catherines körperlichen Zustand, sondern formulierte die Affirmation so:

»Dieses Gebet ist für meine Schwester Catherine. Sie ist entspannt und mit sich im Reinen, gelassen, ausgeglichen und ruhig. Die heilende Kraft ihres Unterbewusstseins, die ihren Körper erschaffen hat, transformiert nun jede Zelle, jeden Nerv, das Gewebe, die Muskeln und Knochen gemäß dem perfekten Modell für alle Organe, das in ihrem Unterbewusstsein hinterlegt ist. Still und leise werden alle schädlichen Gedankenstrukturen in ihrem Unterbewusstsein aufgelöst und entfernt, und die Lebenskraft, Unversehrtheit und Schönheit des Lebensprinzips manifestieren sich in jeder Faser ihres Wesens. Sie ist jetzt offen und empfänglich für die heilenden Kräfte, die wie ein Fluss durch sie hindurchströmen und ihr vollkommene Gesundheit, Harmonie und Frieden bringen. Alle Abweichungen und hässlichen Bilder werden von diesem endlosen Meer der Liebe und des Friedens in ihrem Inneren hinweggespült – so sei es.«

Diese Affirmation wiederholte ich mehrmals täglich, und nach zwei Wochen ergab eine weitere Untersuchung, dass meine Schwester auf wundersame Weise geheilt war; auf den Röntgenbildern war nichts mehr zu sehen.

Affirmationen verkünden Tatsachen, und wenn Sie das Gesagte als wahr betrachten, wird das, was Sie glauben, trotz aller Beweise für das Gegenteil eintreffen.

Wie Sie bessere Ergebnisse erreichen

Nun folgen 52 Affirmationen, eine für jede Woche des Jahres. Um für einen größtmöglichen Effekt dieser Affirmationen und der Macht Ihres Unterbewusstseins zu sorgen, empfehle ich Folgendes:

- Bringen Sie eine Kopie der jeweiligen Affirmation an einer Stelle an, auf die Ihr Blick im Laufe des Tages öfter fällt – vielleicht an Ihrem Computermonitor, an der Wand in der Nähe Ihres Schreibtisches oder an der Kühlschranktür.
- Bringen Sie sich in eine entspannte und ruhige Stimmung, bevor Sie die Affirmation lesen oder rezitieren, damit Ihr Geist empfänglich ist. Um diesen meditativen Zustand zu erreichen, eignet sich ein dunkler, stiller Raum. Ebenfalls sehr wirksam ist es, die Affirmation beim Einschlafen aufzusagen, weil das Bewusstsein dann weniger in der Lage ist, sie abzuweisen. (Wenn Sie die Affirmation auswendig gelernt haben, halten Sie die Augen beim Aufsagen geschlossen, um alle visuellen Ablenkungen zu vermeiden.)
- Sprechen Sie die Affirmation laut aus, wenn das möglich ist, oder lassen Sie die Worte in Ihrem Kopf erklingen. Sie zu hören verstärkt den Eindruck, den sie in Ihrem Unterbewusstsein hinterlassen.
- Konzentrieren Sie sich beim Lesen oder Aufsagen der Affirmation intensiv auf die Bedeutung der Worte. Leiern Sie sie nicht einfach herunter.
- Richten Sie Ihre Aufmerksamkeit auf das Positive und schenken Sie dem Negativen keinerlei Beach-

tung. Denken Sie beispielsweise im Fall einer Krankheit nur daran, die Gesundheit wiederherzustellen, nicht an das Kurieren der Krankheit, da jeder Gedanke an und jede Erwähnung der Krankheit sie und ihre Symptome bestätigt. Ähnlich ist es beim Geld: Denken Sie an Wohlstand, nicht an die Tilgung der Schulden.

- Setzen Sie auf Ihre Vorstellungskraft, nicht auf Willensstärke. Malen Sie sich das Ende und den Zustand der Freiheit aus. Sie werden feststellen, dass Ihr Intellekt sich Ihnen in den Weg zu stellen versucht, aber bewahren Sie sich den einfachen, kindlichen, Wunder ermöglichenden Glauben. Sehen Sie vor sich, wie Sie oder der andere gesund, reich und erfolgreich sind. Stellen Sie sich vor, welche Emotionen dieser Zustand auslöst, den Sie herbeisehnen. Blenden Sie alle Hindernisse aus. Der einfachste Weg ist der beste.
- Machen Sie es sich leicht. Sorgen Sie sich nicht um Details und die nötigen Mittel, sondern führen Sie sich das Endergebnis vor Augen. Testen Sie aus, wie es sich anfühlt, wenn Ihre Probleme gelöst sind, egal, ob sie die Gesundheit, die Finanzen oder die Arbeit betreffen. Stellen Sie sich vor, wie gut es Ihnen gehen wird, wenn das Problem aus der Welt geschafft ist. Behalten Sie dabei im

Hinterkopf, dass es von Ihren Emotionen abhängt, was sich ins Unterbewusstsein einprägt. Sie müssen das Gefühl haben, dass Ihre neue Idee bereits umgesetzt ist, nicht in der Zukunft, sondern *jetzt*.

- Nehmen Sie sich für jede Affirmation eine Woche Zeit und wiederholen Sie sie mehrmals täglich. Die 52 Affirmationen einfach durchzulesen, bringt wenig bis nichts. So wie Samen Zeit brauchen, um zu sprießen und Wurzeln zu schlagen, brauchen auch Ihre Gedanken Zeit, um zu sprießen und Wurzeln in Ihrem Unterbewusstsein zu schlagen, bis Ihr Bewusstsein und Ihr Unterbewusstsein gemeinsam die Affirmation als Wahrheit anerkennen.
- Geben Sie sich gelassen der festen Überzeugung hin, dass Ihr Wunsch bereits erfüllt ist.

Vorsicht: Sagen Sie niemals Dinge wie »Ich kann mir das nicht leisten« oder »Ich kann das nicht«. Das Unterbewusstsein nimmt Sie beim Wort und sorgt dafür, dass Sie nicht über das nötige Geld oder die Fähigkeiten verfügen, um das zu tun, was Sie tun wollen.

Schwächen Sie Ihre Affirmation nicht durch Worte wie »Ich hätte gern« oder »Ich hoffe« ab. Formulieren Sie sie als Anweisung vom Chef (Ihrem Bewusstsein). Sie leben in Harmonie. Sie sind gesund. Übermitteln Sie diese Überzeugung an Ihr Unterbewusstsein und lehnen Sie sich zurück. Wenn Sie entspannt sind, kann Ihr Unterbewusstsein die nötige kinetische Energie hinter einer Idee abrufen und sie in die Realität umsetzen.

Teil 2: Affirmationen für jede Woche

Woche 1
Verschaffen Sie sich einen klaren Geist

Göttliche Liebe erfüllt meine Seele. Das göttliche rechte Handeln ist mein. Göttliche Harmonie bestimmt mein Leben. Der göttliche Frieden erfüllt meine Seele. Die göttliche Schönheit ist mein. Die göttliche Freude erfüllt meine Seele. Ich werde auf all meinen Wegen von Gott geleitet. Ich bin erleuchtet. Ich glaube und weiß, dass ich mehr Leben, Liebe, Wahrheit und Schönheit erfahren werde, als ich mir in meinen kühnsten Träumen hätte vorstellen können. Ich weiß, dass ich von universeller Liebe und Großzügigkeit umfangen bin.

Kommentar: Unser modernes Leben ist hektisch und von bedeutungslosen Ablenkungen und Fragen durchdrungen. Wenn Sie sich von den Anforderungen des Lebens überwältigt fühlen, nehmen Sie sich ein wenig Zeit, um zur Ruhe zu kommen und sich daran zu erinnern, dass Sie erschaffen wurden, um Freude zu empfinden.

Woche 2
Stärken Sie die Macht Ihres Unterbewusstseins

Ich kann durch die Macht meines Unterbewusstseins alles erreichen. Welche Gedanken ich ihm auch bewusst übermittle, es wird einen Weg finden, sie umzusetzen. Kraft, Gesundheit und Güte durchströmen mich und jeden in meiner Umgebung. Ich wünsche allen Menschen, denen ich begegne, das Beste, heute und an jedem Tag. Ich bin dankbar für die Wohltaten, die mir zuteilwerden.

Kommentar: Damit die Affirmationen wirken, müssen Sie an die Macht des Glaubens glauben. Diese Affirmation hilft Ihnen dabei, diesen Glauben zu erlangen, der dann als Grundlage für alle weiteren Affirmationen dient.

Woche 3
Machen Sie Ihr Bewusstsein zum Torwächter

Mein Bewusstsein ist der Wächter am Tor, der fehlgeleitete Empfindungen von meinem Geist fernhält. Es weist alle Gedanken zurück, die nicht den universellen Prinzipien von Gesundheit, Liebe, Weisheit und Fülle entsprechen. Es weist alle Vorstöße ab, die mein Selbstwertgefühl bedrohen. Ich bin, was ich denke, und durch mein Bewusstsein habe ich die vollständige Kontrolle über meine Gedanken. Ich entscheide mich dafür, Gedanken des Friedens, der Freude, der Gesundheit, Liebe, Fülle und des Wohlwollens allen Menschen gegenüber zu haben.

Kommentar: Auch wenn Sie nicht steuern können, was Ihnen im Leben widerfährt, haben Sie doch die vollständige Kontrolle über Ihre Gedanken. Kein Mensch und kein Ereignis kann Sie dazu *zwingen*, Zorn, Entmutigung, Verbitterung oder Unzulänglichkeit zu empfinden. Ihr Bewusstsein kann Sie schützen, indem es solche Gedanken abweist. Es ist der Torwächter.

Woche 4
Empfangen und verinnerlichen Sie die Wahrheit

Gottes Liebe, Wahrheit und Weisheit durchströmen meinen Geist und mein Herz. Ich liebe die Wahrheit, ich höre die Wahrheit und ich kenne die Wahrheit. Gottes Fluss des Friedens durchströmt meinen Geist, und ich bin dankbar für meine Freiheit. Ich denke gerecht und strahle in jeder Hinsicht göttliche Weisheit und Intelligenz aus. Mein Geist ist der unfehlbare Geist Gottes, unwandelbar und ewig. Ich höre die Stimme Gottes, die die

Stimme des Friedens, der Wahrheit und der Liebe ist. Mein Geist ist durchdrungen von Gottes Weisheit und Verständnis. Was auch immer mich quält, weicht nun von mir, und ich bin frei und von Frieden erfüllt.

Kommentar: Lügen, Enttäuschungen, Fehlinformationen, Halbwahrheiten und falsche Überzeugungen sind die Wurzeln eines Großteils des menschlichen Leidens, weil sie zu schädlichen Gedanken führen. Gott ist Wahrheit, und mit Gott vereint zu sein heißt, mit der Wahrheit vereint zu sein. Bis Sie die Wahrheit empfangen und verinnerlicht haben, liegen Sie mit ihr über Kreuz und werden weiterhin Pech und Unglück erfahren.

Woche 5
Finden Sie Ihre Bestimmung

Die unendliche Intelligenz meines Unterbewusstseins offenbart mir meinen wahren Platz im Leben, und ich befolge die Anweisungen, die sie mir über mein rationales Bewusstsein eingibt. Sie kennt mich ganz genau. Sie weiß um meine Interessen, Kenntnisse, Fähigkeiten, Talente und Leidenschaften und führt mir Möglichkeiten zu, die perfekt zu mir passen und mich reizen. Ich nehme diese Möglichkeiten an und sehe, dass ich bei meinen Aufgaben glücklich und produktiv bin. Ich habe ein harmonisches Verhältnis zu meinen Vorgesetzten und Kollegen, während wir auf gemeinsame Ziele hinarbeiten. Ich bin in der Lage, einen Beitrag zu leisten, und setze meinen Geist kreativ ein, um wertvolle Innovationen für Produkte, Dienstleistungen und Prozesse zu entdecken. Dafür werde ich angemessen entlohnt.

Kommentar: Fast jeder möchte sein Leben auf ein Ziel ausrichten, doch viele haben keine Ahnung, welches Ziel das ist oder sein könnte. Nutzen Sie diese Affirmation, um die Frage an Ihr Unterbewusstsein weiterzugeben – den kreativen Teil des Geistes, der die Verbindung zur unendlichen Intelligenz darstellt. Ihr Unterbewusstsein ist genau der richtige Ansprechpartner dafür und wird Ihnen eine Antwort liefern, die perfekt passt.

Woche 6
Empfangen Sie den perfekten Plan

Die unendliche Intelligenz führt mich, leitet mich und enthüllt mir den perfekten Plan, um meinen Wunsch, den sie mir eingegeben hat, wahr werden zu lassen. Ich weiß, dass die tieferen Strukturen meines Unterbewusstseins entsprechend reagieren. Und was ich im Inneren spüre und fordere, tritt in der Außenwelt ein. Ich bin ganz ausgeglichen und gelassen.

Kommentar: Ihr Bewusstsein ist rational geprägt, während Ihr Unterbewusstsein kreativ und intuitiv arbeitet. Übermitteln Sie Ihrem Unterbewusstsein, was Sie sich wünschen, und es wird Ihnen einen Plan eingeben und die nötigen Mittel aufbringen, um dieses Ziel zu erreichen und Ihren Wunsch zu erfüllen.

Bewusstes Planen kann diese unterbewussten Vorgänge behindern. Übergeben Sie Ihren Wunsch Ihrem Unterbewusstsein und lassen Sie es seine Arbeit tun. Wenn Sie ihm erlauben, kreativ zu sein, wird es oft mit dem perfekten Plan aufwarten; dieser erscheint Ihnen dann in Form einer »Erleuchtung«, ohne dass Sie sich sonderlich anstrengen müssen.

Woche 7
Führen Sie ein harmonisches Leben

Die unendliche Intelligenz leitet und führt mich in jeder Hinsicht. Ich bin kerngesund, und das Gesetz der Harmonie wirkt in meinem Geist und meinem Körper. Schönheit, Liebe, Frieden und Fülle sind mein. Das Prinzip des rechten Handelns und die göttliche Ordnung steuern mein gesamtes Leben. Ich weiß, dass meine Einstellung auf den ewigen Wahrheiten des Lebens beruht. Und ich weiß, spüre und glaube, dass mein Unterbewusstsein entsprechend der Natur meines bewussten Denkens reagiert.

Kommentar: Obwohl manche Wissenschaftler behaupten, im Universum herrsche Chaos, gelten dort in Wahrheit eine genaue Ordnung und Gesetze. Die physikalische Welt ist den Naturgesetzen unterworfen, das menschliche Verhalten den moralischen Vorgaben. Sich nach diesen ewigen Wahrheiten auszurichten, garantiert Gesundheit, Wohlstand, Glück und Harmonie. Diese ganz allgemeine Affirmation führt Sie auf den Weg zu einem wohlgeordneten Leben.

Woche 8
Schlafen Sie friedlich ein und wachen Sie fröhlich auf

Meine Zehen sind entspannt, meine Knöchel sind entspannt, meine Bauchmuskeln sind entspannt, mein Herz und meine Lungen sind entspannt, meine Hände und Arme sind entspannt, mein Nacken ist entspannt, mein Kopf ist entspannt, mein Gesicht ist entspannt, meine Augen sind entspannt, mein ganzer Geist und Körper sind entspannt. Ich vergebe jedem voll und ganz und wünsche allen Harmonie, Gesundheit, Frieden und alles Gute. Ich bin von Frieden erfüllt, ich bin gelassen, ruhig und heiter. Ich fühle mich in Sicherheit. Eine große Stille kommt über mich und beruhigt mein ganzes Wesen, während ich die göttliche Gegenwart in mir spüre. Ich weiß, dass die Erkenntnis des Lebens und der Liebe mich heilt. Ich hülle mich in den Mantel der Liebe und schlafe voller Wohlwollen für alle Menschen ein. Ich verbringe die Nacht in Frieden, und am Morgen werde ich von Leben und Liebe durchströmt.

Kommentar: Wenn Sie – wie viele Menschen – an Schlaflosigkeit leiden, wird Ihnen diese Affirmation eine große Hilfe sein. Sagen Sie sie vor dem Schlafengehen langsam, leise und voller Liebe auf. Sie werden keine weiteren Hilfsmittel zum Einschlafen brauchen.

Woche 9
Machen Sie es sich zur Gewohnheit, glücklich zu sein

Die göttliche Ordnung regelt heute und an jedem Tag mein Leben. Alle Dinge wirken zum Guten zusammen. Dies ist ein neuer und wundervoller Tag für mich. Es wird keinen anderen Tag wie diesen geben. Ich werde den ganzen Tag lang von Gott geleitet, und was ich auch anfasse, wird gelingen. Göttliche Liebe umgibt mich, umfängt mich und hüllt mich ein, und ich bin von Frieden durchdrungen. Wenn meine Aufmerksamkeit von dem abschweift, was hilfreich und konstruktiv ist, besinne ich mich gleich wieder darauf. Ich bin ein spiritueller und mentaler Magnet, der alles anzieht, was mir guttut und mein Wohlergehen fördert. Ich werde heute in allem, was ich mir vornehme, herausragenden Erfolg haben. Ich werde ganz sicher den gesamten Tag lang glücklich sein.

Kommentar: Vor einigen Jahren kam ich für etwa eine Woche bei einem Bauern in Connemara an der Westküste Irlands unter. Er sang und pfiff die ganze Zeit und schien immer gute Laune zu haben. Ich fragte ihn nach dem Geheimnis seines Glücks, und er antwortete: »Ich habe mir angewöhnt, glücklich zu sein. Jeden Morgen, wenn ich aufwache, und jeden Abend, wenn ich schlafen gehe, preise ich meine Familie, meine Felder und das Vieh und danke Gott für die tolle Ernte.«

Diese Gewohnheit pflegte der Bauer bereits seit über 40 Jahren. Und wie Sie wissen, dringen Gedanken, die regelmäßig und systematisch wiederholt werden, ins Unterbewusstsein ein und setzen sich dort fest. Glücklich zu sein ist eine Frage der Gewohnheit.

Woche 10
Erheben Sie Anspruch auf eine bessere Zukunft

Ich bin vom frei strömenden, reinigenden, heilenden, Harmonie bringenden, erfrischenden Leben des Heiligen Geistes durchdrungen. Mein Körper ist ein Tempel des lebendigen Gottes; er ist in jeder Hinsicht rein, gesund und perfekt. Jede Funktion meines Geistes und meines Körpers wird von der göttlichen Weisheit und der göttlichen Ordnung gesteuert.

Ich freue mich nun auf eine herrliche Zukunft. Ich erwarte voller Freude das Beste. All die wunderbaren, göttlichen Gedanken, die ich gerade denke, schlagen Wurzeln in meinem Unterbewusstsein, wie Samen in fruchtbarer Erde. Ich weiß, wenn ihre Zeit reif ist, bringen sie mir Harmonie, Gesundheit, Frieden, Chancen, Erfahrungen und Erlebnisse.

Ich tausche Angst und Mangel nun gegen Freiheit und ein Leben in Fülle ein. Der Gottmensch in mir ist erwacht. Siehe, ich mache alles neu!

Kommentar: Jeder Tag bringt Erneuerung, Auferstehung und Wiedergeburt. Die ganze Natur verkündet die Herrlichkeit des neuen Tages. Diese Affirmation soll uns daran erinnern, den Gott in unserem Inneren zu wecken, aus dem langen Winterschlaf der Beschränkungen aufzuwachen und in den Morgen eines neuen Tages und eines neuen Lebens hinauszugehen. Die Angst, die Unwissenheit und der Aberglaube in uns müssen vergehen und wir müssen wieder zu Glauben, Selbstvertrauen, Liebe und Wohlwollen finden. Fangen Sie nun an, Gottes

Gnade und Liebe durch diese Affirmation in sich aufzunehmen.

Woche 11
Heilen Sie sich selbst

Mein Körper und alle Organe wurden von der unendlichen Intelligenz in meinem Unterbewusstsein erschaffen. Sie weiß, wie ich zu heilen bin. Ihre Weisheit hat all meine Organe, Muskeln und Knochen hervorgebracht. Diese unendliche Heilkraft in mir transformiert nun jedes meiner Atome so, dass ich wieder ganz und gesund bin. Ich danke für die Heilung, von der ich weiß, dass sie gerade stattfindet. Das Werk, das die kreative Intelligenz in mir tut, ist wundervoll.

Kommentar: Ihr Unterbewusstsein steuert Ihren Herzschlag, den Kreislauf Ihres Blutes, Ihre Verdauung, alle Anpassungen und Veränderungen. Wenn Sie ein Stück Brot essen, wandelt Ihr Unterbewusstsein es in Gewebe, Muskeln, Knochen und Blut um. Es regelt alle lebenswichtigen Prozesse und Funktionen in Ihrem Körper. Wenn Ihr Unterbewusstsein Sie aus dem Nichts erschaffen konnte, dann kann es Sie sicherlich auch heilen und von Krankheit befreien. Wenn Sie auf Ihren Geist einwirken, indem Sie ihn unaufhörlich mit Bekräftigungen überschütten, wirken Sie auch auf Ihren Körper ein. Das ist die Grundlage jeder Heilung.

Woche 12
Heilen Sie andere aus der Ferne

Die Heilkraft ist dort, wo _____ ist. Ihr/Sein körperliches Befinden ist nur ein Spiegelbild ihrer/seiner Gedankenwelt, wie Bilder auf einer Leinwand. Um die Bilder zu verändern, muss ich auf die Filmrolle einwirken. Mein Geist ist diese Filmrolle, und nun erzeuge ich in meinem Kopf ein Bild von Ganzheit, Harmonie und perfekter Gesundheit für _____. Die unendliche Heilkraft, die _____s Körper und alle ihre/seine Organe erschaffen hat, durchdringt nun jede Faser ihres/seines Wesens, und ein Fluss des Friedens strömt durch jede Zelle ihres/seines Körpers. Die Ärzte werden von einer göttlichen Macht gesteuert, und jeder, der _____ berührt, wird dazu angeleitet, das Richtige zu tun. Ich weiß, dass es die Krankheit letzten Endes gar nicht gibt. Ich richte mich jetzt ganz auf das unendliche Prinzip der Liebe und des Lebens aus und weiß und verfüge, dass Harmonie, Gesundheit und Frieden in _____s Körper Ausdruck finden.

Kommentar: Die unendliche Intelligenz durchströmt alle Dinge und ist nicht durch Zeit oder Raum begrenzt.

Sie ist verantwortlich für Phänomene wie Telepathie, übersinnliche Erfahrungen, Astralreisen und die heilende Kraft des Gebets. Ihr Unterbewusstsein ist das Tor zur unendlichen Intelligenz, was es Ihnen ermöglicht, deren Macht einzusetzen, um andere zu heilen, ganz egal, ob diese sich in Ihrer Nähe, am entgegengesetzten Ende der Stadt oder auf der anderen Seite der Welt befinden.

Behalten Sie im Hinterkopf, dass auch negative Gedanken durch den Äther reisen und anderen schaden können. Positive Gedanken sind, genau wie positive Taten, ein wertvoller Beitrag zur Gemeinschaft. Zerstörerische Gedanken schaden ihr ebenso wie zerstörerische Taten.

Woche 13
Ziehen Sie Geld an

Ich mag Geld, und ich setze es klug, konstruktiv und umsichtig ein. In meinem Leben herrscht ein dauerhafter Geldkreislauf. Ich gebe es freudig aus und es kehrt in vielfacher Menge zu mir zurück. Es ist gut, sogar sehr gut. Es rollt wie eine Lawine der Fülle auf mich zu. Ich nutze es nur zum Guten und bin dankbar dafür und für den Reichtum meines Geistes.

Kommentar: Das Lebensprinzip in Ihnen drängt Sie zu Wachstum, Entfaltung und einem freigebigeren Leben. Sie sind nicht auf der Welt, um in einer kärglichen Hütte zu leben, sich in Lumpen zu hüllen und Hunger zu leiden. Sie sollen glücklich, wohlhabend und erfolgreich sein. Denken Sie niemals kritisch über Geld oder diejenigen, die viel davon haben. Entledigen Sie sich aller seltsamen und abergläubischen Ansichten über Geld. Betrachten Sie es niemals als schlecht oder schmutzig. Wenn Sie das tun, versehen Sie es mit Flügeln, und es wird davonfliegen. Was Sie verdammen, verlieren Sie. Sie können nicht das anziehen, was Sie kritisieren.

Woche 14
Sichern Sie sich einen stetigen Geldzufluss

Ich bin eins mit dem unendlichen Reichtum meines Unterbewusstseins. Ich habe das Recht, reich, glücklich und erfolgreich zu sein. Das Geld fließt mir zu, unaufhörlich und in großen Mengen. Ich bin mir meines wahren Wertes vollkommen bewusst. Ich biete meine Fähigkeiten freigebig an und werde großzügig entlohnt. Das ist wunderbar!

Kommentar: Die Macht des Unterbewusstseins und die kreative Kraft der Gedanken und der geistigen Bilder anzuerkennen ist der Weg zu Wohlstand, Freiheit und einem stetigen Geldzufluss. Akzeptieren Sie ein Leben in Fülle. Wenn Sie Wohlstand akzeptieren und erwarten, wird der Geist eigene Wege finden, ihn herbeizuführen. Stellen Sie sich auf Fülle ein, dann stellen sich auch alle nötigen Umstände dafür ein. Wiederholen Sie diese Affirmation täglich, schreiben Sie sie sich ins Herz.

Woche 15
Haben Sie Erfolg in allem, was Sie tun

Bei Tag und bei Nacht habe ich Erfolg bei allem, was ich tue.

Kommentar: Manchmal wirkt eine einfache Affirmation am besten – eine, die nicht zu aggressiv ist. In manchen Fällen versuchen sich Menschen an Affirmationen, die ihren unterschwelligen Überzeugungen entgegenstehen, was dazu führt, dass das Bewusstsein sie als unwahr abwehrt und sie nicht ins Unterbewusstsein dringen lässt. So kann Ihr Bewusstsein sich beispielsweise einer Affirmation widersetzen, die besagt, Sie hätten eine Million Dollar erhalten, doch es kann es als wahr hinnehmen, dass Sie in allem, was Sie tun, Erfolg haben.

Einem Geschäftsmann, dessen Verkäufe und Finanzen am Boden waren und der sich deshalb große Sorgen machte, schlug ich einmal vor, er solle sich hinsetzen, zur Ruhe kommen und diese Aussage ein ums andere Mal wiederholen: »Meine Verkaufszahlen steigen Tag für Tag.« Diese Aussage ließ das Bewusstsein und das Unterbewusstsein zusammenarbeiten, und es folgten die gewünschten Resultate.

Woche 16
Treffen Sie kluge Finanz- und Investitionsentscheidungen

Die unendliche Intelligenz steuert und überwacht all meine finanziellen Aktivitäten; was ich auch anfasse, wird gelingen.

Kommentar: Wenn Sie Rat in Bezug auf Investitionen suchen oder sich Sorgen um Ihre Aktien und Anleihen machen, wiederholen Sie diese Affirmation, um Ihr Unterbewusstsein dazu zu bringen, kluge Entscheidungen zu treffen. Wiederholen Sie sie regelmäßig, und Sie werden feststellen, dass Ihre Investitionen sich auszahlen. Darüber hinaus sind Sie vor Verlusten geschützt, da Sie den Drang verspüren werden, Anteile zu verkaufen, bevor diese an Wert verlieren.

Woche 17
Erholen Sie sich von einem finanziellen Rückschlag

Ich habe Geld verloren. Ich werde wieder produktiv sein und mehr Geld einnehmen. Ich habe aus der Erfahrung gelernt; sie wird sich letztendlich auszahlen. Ich habe weder den Glauben verloren noch mein Selbstvertrauen oder die Fähigkeit, wieder aufzustehen. Ich habe viel zu bieten und werde wieder enorme Erfolge erringen. Gott ist die Quelle meiner Mittel, und sein Reichtum durchströmt mein Leben. Gott sorgt stets für Gewinne und eröffnet mir einen Weg zum Erfolg.

Kommentar: Nicht das, was Ihnen widerfährt, ist entscheidend, sondern es sind Ihre Gedanken, Ihre Reaktionen darauf, die sich positiv oder negativ auswirken können. Setzen Sie Ihre Vorstellungskraft klug ein, sodass Sie neue Muster in Ihrem Geist verankern, bevorstehende Chancen erkennen und die Flügel des Glaubens und der Fantasie nutzen können, um sich ein noch besseres Leben wiederaufzubauen. Erfolg und Wohlstand sind Produkte Ihrer Gedanken und Überzeugungen.

Woche 18

Finden Sie das ideale Haus oder die ideale Wohnung

Die unendliche Intelligenz meines Unterbewusstseins ist in jeder Hinsicht weise. Sie zeigt mir nun das perfekte Zuhause, das sich in zentraler Lage und in einem guten Viertel befindet, alle meine Anforderungen erfüllt und zu meinem Einkommen passt. Ich übermittle diese Aufforderung jetzt an mein Unterbewusstsein und weiß, dass es entsprechend reagieren wird. Ich überlasse ihm die Sache voller Glauben und Zuversicht, so wie ein Bauer Samen aussät und auf die Gesetze des Wachstums vertraut.

Kommentar: Wenn Sie etwas kaufen oder verkaufen wollen, denken Sie daran, dass das Bewusstsein der Anlasser ist und das Unterbewusstsein der Motor. Sie müssen den Motor anlassen, damit er seine Aufgabe erledigen kann. Der erste Schritt, um einen glasklaren Wunsch, eine Idee oder ein Bild in die tieferen Schichten des Geistes zu übermitteln, besteht darin, sich zu entspannen, die Aufmerksamkeit nach innen zu richten und ganz ruhig zu werden. Diese stille, gelassene und friedliche Stimmung verhindert, dass andere Gedanken und falsche Ideen der geistigen Aufnahme Ihres Wunsches in die

Quere kommen. Außerdem gelingt der Vorgang bei dieser Geisteshaltung fast mühelos.

Die Antwort, nach der Sie verlangen, kann sich in Form einer Zeitungsanzeige oder durch Freunde einstellen, oder aber Sie werden direkt zu einem bestimmten Haus geleitet, das genau dem entspricht, wonach Sie suchen. Ihr Gebet kann auf vielfältige Weise erhört werden. Worauf Sie grundsätzlich vertrauen können, ist, dass die Antwort stets eintrifft, solange Sie nur an die Funktionsweise der tieferen Schichten des Geistes glauben.

Woche 19
Verkaufen Sie Ihr Haus oder andere Besitztümer

Die unendliche Intelligenz führt Käufer für dieses Haus zu mir, die es haben wollen und sich darin wohlfühlen werden. Diese Käufer werden mir von der kreativen Intelligenz meines Unterbewusstseins geschickt, die keine Fehler macht. Sie mögen sich viele andere Häuser anschauen, aber meines ist das einzige, das sie wirklich wollen und kaufen, da sie von der unendlichen Intelligenz in ihrem Inneren geleitet werden. Ich weiß, dass die Käufer, der Zeitpunkt und der Preis stimmen. Alles ist genau richtig. Die tieferen Ströme meines Unterbewusstseins arbeiten jetzt gerade daran, uns in der göttlichen Ordnung zusammenzubringen. Ich weiß, dass das so ist.

Kommentar: Denken Sie immer daran, dass das, was Sie suchen, Sie ebenfalls sucht. Wenn Sie ein Haus oder ein Besitztum irgendeiner Art verkaufen wollen, gibt es immer jemanden, der genau das will, was Sie anbieten. Wenn Sie die Macht Ihres Unterbewusstseins richtig nutzen, befreien Sie Ihren Geist von jeglichem Wettbewerbsdenken und allen Ängsten beim Kaufen und Verkaufen.

Woche 20
Lösen Sie ein Problem

Mein Unterbewusstsein kennt die Antwort. Es arbeitet jetzt gerade daran. Ich bin dankbar, weil ich weiß, dass die unendliche Intelligenz meines Unterbewusstseins alles weiß und mir die perfekte Antwort liefert. Diese feste Überzeugung setzt die Brillanz und die Herrlichkeit meines Unterbewusstseins frei. Das erfüllt mich mit tiefer Freude.

Kommentar: Oft kämpft man zu sehr damit, bestimmte Probleme zu lösen, was sie meist noch schlimmer macht. Statt über das Bewusstsein nach einer Lösung zu suchen, übermitteln Sie das Problem an Ihr Unterbewusstsein, das viel besser darauf ausgerichtet ist, komplizierte Fragen zu beantworten. Oft findet es im Schlaf eine Lösung, wenn das Bewusstsein außer Kraft gesetzt ist, und Sie wissen beim Aufwachen, was zu tun ist.

Woche 21
Finden Sie verlorene oder verlegte Gegenstände wieder

Du weißt alles; du weißt auch, wo _____ ist, und enthüllst mir jetzt, wo ich es finde.

Kommentar: Wiederholen Sie diese Affirmation mehrere Male täglich, vor allem direkt vor dem Einschlafen. Ihr Unterbewusstsein weiß, wann und wo Sie den Gegenstand das letzte Mal hatten, und auch wenn es sich um ein Objekt handelt, das jemand anderer verloren oder verlegt hat, kennt die unendliche Intelligenz seinen Aufenthaltsort und kann ihn über das Unterbewusstsein an Sie weitergeben. Das Unterbewusstsein wird immer antworten, wenn Sie darauf vertrauen.

Woche 22
Treffen Sie eine wichtige oder schwierige Entscheidung

Die kreative Intelligenz meines Unterbewusstseins weiß, was das Beste für mich ist. Sie ist stets auf das Leben ausgerichtet und leitet mich zur richtigen Entscheidung, die für alle Beteiligten die beste ist. Ich bin dankbar für die Antwort, von der ich weiß, dass ich sie erhalten werde.

Kommentar: Wenn Sie wichtige Entscheidungen zu treffen haben, etwa ob Sie den Job wechseln, umziehen, heiraten, sich scheiden lassen oder eine Familie gründen sollen, nutzen Sie Ihr Unterbewusstsein. Das rationale Bewusstsein mag ermitteln, was theoretisch am besten ist, doch Ihre Intuition führt Sie zu der Entscheidung, die der göttlichen Ordnung entspricht. Vertrauen Sie Ihrer Intuition.

Eine junge Frau aus Los Angeles musste sich entscheiden, ob sie eine Stelle in New York antreten sollte, bei der sie doppelt so viel Gehalt bekommen hätte wie zuvor. Sie wiederholte diese Affirmation vor dem Schlafengehen immer und immer wieder, und am Morgen hatte sie das eindringliche Gefühl, dass sie das Angebot ausschlagen sollte. Also sagte sie die Stelle ab, und die späteren Entwicklungen bestätigten ihren intuitiven Entschluss, denn das Unternehmen, das ihr die Stelle angeboten hatte, machte wenige Monate später bankrott. Das Bewusstsein mag richtigliegen, was die objektiv bekannten Fakten angeht, doch die intuitiven Fähigkeiten des Unterbewusstseins der Frau erkannten die Probleme des betroffenen Unternehmens und führten sie zu dem richtigen Entschluss.

Woche 23
Lieben Sie bedingungslos

Ich lasse _____ aus freien Stücken meine Liebe zukommen, da es mir Freude bereitet, zu wissen, dass er/sie frei und glücklich sein wird. Die Gabe meiner Liebe ist nicht an Bedingungen geknüpft. Sie ist frei wie der Wind. Ich erwarte keine Gegenleistung, weil die Fähigkeit, Liebe zu empfinden und zum Ausdruck zu bringen, an sich schon ein wunderbares Geschenk ist. Ich erfreue mich daran, wie glücklich meine Liebe mich und andere macht.

Kommentar: Zu häufig erwarten wir eine Gegenleistung, wenn wir andere lieben und für sie da sind, etwa Dankbarkeit, Anerkennung, Liebe oder spätere Gefälligkeiten. Wenn diese Erwartungen nicht erfüllt werden, verwandelt sich die Liebe in Verbitterung und Ablehnung und stellt ein Gefängnis für den Gebenden und den Empfänger dar. Wahre Liebe hingegen ist befreiend. Wenn Sie lieben, kommt das Gefühl von Herzen, und Sie erfreuen sich an dem Wissen, dass Ihre Liebe andere frei und glücklich macht. Sie werden dafür reich belohnt werden, aber lieben Sie nicht in der Erwartung dieser Belohnung.

Woche 24
Vergeben Sie anderen

Ich vergebe _____ voll und ganz; ich löse mich gedanklich von dem Vorfall. Ich vergebe _____ alles, was damit verbunden ist. Ich bin frei und sie/er ist frei. Es ist ein wunderbares Gefühl. Heute ist mein Tag der Generalamnestie. Ich vergebe allen und jedem, der mich je verletzt hat, und wünsche allen und jedem Gesundheit, Glück, Frieden und alles Gute. Ich tue es aus freien Stücken, voller Freude und Liebe, und wenn ich an die Person oder die Personen denke, die mich verletzt haben, sage ich von nun an: »Ich habe mich gedanklich von der Sache gelöst und wünsche dir/euch alles Gute. Ich bin frei und du bist/ihr seid frei.« Es ist toll!

Kommentar: Das große Geheimnis wahrer Vergebung ist, dass es unnötig ist, die Affirmation weiter zu wiederholen, sobald Sie der betroffenen Person vergeben haben. Wünschen Sie ihr gedanklich alles Gute, wenn sie oder der entsprechende Vorfall Ihnen in den Kopf kommt, und sagen Sie: »Friede sei mit dir.« Wiederholen Sie das jedes Mal, wenn Sie daran denken. Sie werden feststellen, dass die Erinnerung an die Person oder den Vorfall nach ein paar Tagen immer seltener zurückkehren wird, bis sie schließlich ganz ausbleibt.

Woche 25
Wünschen Sie anderen alles Gute

Ich wünsche jedem Menschen, der auf der Erde wandelt, das, was ich mir auch für mich wünsche: Frieden, Liebe, Freude, Fülle und Gottes Segen. Ich erfreue mich am Fortschritt und dem Wohlergehen aller Menschen.

Kommentar: Ein wichtiges Naturgesetz besagt: Denken Sie so über andere Menschen, wie Sie wollen, dass andere Menschen über Sie denken. Empfinden Sie für andere Menschen, was Sie gern wollen, dass andere Menschen für Sie empfinden. Versuchen Sie nie, anderen die Freude zu nehmen. Wenn Sie das tun, berauben Sie sich selbst. Lassen Sie das, was Sie für sich selbst als wahr beanspruchen, auch für andere gelten. Wenn Sie um Glück und Seelenfrieden für sich bitten, bitten Sie um Glück und Seelenfrieden für alle. Der Erfolg Ihrer Mitmenschen ist auch Ihr Erfolg.

Woche 26
Finden Sie Ihren Seelenverwandten

Ich ziehe jetzt einen Mann/eine Frau an, der/die ehrlich, aufrichtig, loyal, treu, friedvoll, glücklich und wohlhabend ist. Diese Eigenschaften, die ich bewundere, prägen sich in mein Unterbewusstsein ein. Während ich darüber nachdenke, verinnerliche ich sie dort. Der Mann/die Frau steht hinter meinen Idealen, und ich stehe hinter seinen/ihren Idealen. Er/sie will mich nicht verändern, und ich möchte ihn/sie nicht verändern. Unsere Beziehung ist von Liebe, Freiheit und Respekt geprägt. Wir werden unwiderstehlich voneinander angezogen. Ich lasse mich nur auf Erfahrungen voller Liebe, Wahrheit und Schönheit ein. Ich akzeptiere jetzt meinen idealen Partner/meine ideale Partnerin.

Kommentar: Zögern Sie nicht, diese Affirmation so umzuschreiben, dass sie die Eigenschaften widerspiegelt, die Sie sich von Ihrem idealen Partner/Ihrer idealen Partnerin erwünschen. Wiederholen Sie die Affirmation voller Erwartung. Wenn Sie ruhig und aufgeschlossen über die Eigenschaften und Qualitäten nachdenken, die Sie an dem Partner/der Partnerin bewundern, den/die Sie suchen, werden Sie ein geistiges Abbild davon in Ihrem Kopf schaffen. Dann können die tieferen Ströme

Ihres Unterbewusstseins Sie beide auf göttliche Weise zusammenführen.

Woche 27
Unterstützen Sie Ihren Partner/ Ihre Partnerin spirituell

Ich weiß, dass mein Partner/meine Partnerin für meine konstruktiven Gedanken und Vorstellungen empfänglich ist. Ich weiß und spüre, dass sein/ihr Wesen von Frieden erfüllt ist. Er/sie wird auf allen Wegen von einer göttlichen Macht geleitet. Durch ihn/sie fließt das Göttliche. Gottes Liebe füllt seinen/ihren Geist und sein/ihr Herz. Zwischen uns herrschen Harmonie, Frieden, Liebe und Verständnis. Ich sehe ihn/sie glücklich, gesund, fröhlich, liebevoll und wohlhabend vor mir. Ich umgebe ihn/sie mit der heiligen Hülle der Liebe Gottes, die unangreifbar, undurchdringlich und unempfindlich gegen alle Ablehnung ist.

Kommentar: Eine Frau in London erzählte, dass ihr Mann sein gesamtes Geld an der Börse verloren habe und nun niedergeschlagen, krank und zutiefst deprimiert sei. Er wollte die Scheidung, mit der Begründung, sie nörgle immer nur an ihm herum.

Ich erklärte ihr, dass Nörgeln der schnellste Weg sei, eine Ehe zu zerstören, und legte ihr nahe, dass er in dieser Zeit vielleicht eher Unterstützung und Ermutigung bräuchte. Sie zählte mir die guten Eigenschaften auf, die er gehabt hatte, als sie ihn heiratete. Ich sagte ihr, dass diese Eigenschaften, die sie für ihn eingenommen hatten, immer noch da seien, aber wieder zum Leben erweckt werden müssten. Das könne durch die Kraft der Affirmationen bewirkt werden.

Ich gab ihr diese Affirmation zur regelmäßigen Wiederholung an die Hand, mit der Erklärung, ihr Mann werde auf diese Weise unterbewusst ihre spirituelle Unterstützung erfahren, was beiden zugutekäme. Die beiden redeten miteinander, während ich in London war, und beschlossen dann, gemeinsam zu beten und zusammenzubleiben. Der Mann hat vor Kurzem eine sehr lukrative Stelle gefunden. Gebete ändern Dinge: Sie verändern den Menschen, der betet.

Woche 28
Halten Sie Ihre Ehe stark

Mein Geist spricht zum Geist von _____. Zwischen uns herrschen stets Harmonie, Frieden, Liebe und Verständnis. Gott denkt, spricht und handelt durch mich, und Gott denkt, spricht und handelt durch meinen Partner/ meine Partnerin.

Kommentar: Eine einzelne Affirmation reicht nicht aus, um den Bund der Ehe zu stärken. Sie müssen sich beide eine positive Einstellung zueinander bewahren und Ihre Liebe und Ihren Respekt füreinander täglich zeigen und erklären. Hier sind fünf Schritte, die über die Affirmation hinaus dafür sorgen, dass Ihre Ehe stark bleibt:

1. Nehmen Sie Ärger, der sich aus kleineren Enttäuschungen speist, niemals mit in den nächsten Tag. Vergeben Sie einander alle Zankereien, bevor Sie schlafen gehen.
2. Denken Sie gleich morgens nach dem Aufwachen daran, dass die unendliche Intelligenz Sie in jeder Hinsicht leiten wird. Schicken Sie Ihrem Mann/Ihrer Frau, allen Familienmitgliedern und der ganzen Welt Gedanken des Friedens, der Harmonie und der Liebe.
3. Bedanken Sie sich beim Frühstück für das leckere Essen, für die Fülle und für alle Wohltaten, in deren Genuss Sie kommen. Stellen Sie sicher, dass keine Probleme, Sorgen oder Streitigkeiten bei Tisch angesprochen werden – das Gleiche gilt beim Abendessen.
4. Sagen Sie zu Ihrem Mann/Ihrer Frau: »Ich weiß alles zu schätzen, was du tust, und sende dir den ganzen Tag über Liebe und gute Gedanken.«

5. Betrachten Sie Ihre Ehe nicht als Selbstverständlichkeit. Zeigen Sie Ihre Wertschätzung und Ihre Liebe, statt zu urteilen, zu kritisieren und zu meckern. Ein friedliches Zuhause und eine glückliche Ehe beruhen auf einer Basis aus Liebe, Schönheit, Harmonie, gegenseitigem Respekt und gemeinsamem Glauben.

Woche 29
Lösen Sie sich aus einer schädlichen Beziehung

Ich lasse _____ nun los. Er handelt stets so, wie es für ihn richtig ist, ebenso wie ich für mich. Wir entscheiden uns beide frei dafür, uns voneinander zu lösen und getrennte Wege zu gehen. Ich verfüge hiermit, dass meine Worte in den unendlichen Geist eingehen und diese Entwicklung herbeiführen. So sei es.

Kommentar: Eine Beziehung zu beenden, kann sehr schwierig sein, vor allem, wenn sich die andere Person dagegen sträubt. Solche Situationen erzeugen schnell Bitterkeit und Ängste. Das Ende der Beziehung auszurufen und sich auszumalen, wie beide in unterschiedliche Richtungen davongehen, sendet die klare Botschaft an den Äther, dass die Beziehung vorbei ist.

Woche 30
Ziehen Sie einen Schlussstrich

Wir haben eine perfekte, harmonische Lösung gefunden. Die Sache ist entsprechend der göttlichen Ordnung abgeschlossen.

Kommentar: Wenn Sie sich in einer schwierigen Situation befinden und kein Ende absehen können, ist es eine Möglichkeit, diese Affirmation immer und immer wieder wie ein Mantra zu wiederholen. Vertrauen Sie darauf, dass die Situation vorübergehen wird, und reichen Sie die Sache an die unendliche Intelligenz weiter, damit diese eine Lösung findet. So entledigen Sie sich eines Problems, über das Sie keine Kontrolle haben, und sorgen dadurch für Befreiung, während sich Ihr Unterbewusstsein der Sache annimmt, ohne dass es Ihnen große Anstrengungen oder Kummer bereitet.

Woche 31
Verbessern Sie die Leistung Ihres Gedächtnisses

Mein Gedächtnis wird von heute an in allen Bereichen immer besser. Ich werde mich stets an alles erinnern, was ich zu einem bestimmten Zeitpunkt oder an einem bestimmten Ort wissen muss. Alles, was ich aufnehme, wird sich mir klar und deutlich einprägen. Ich werde es automatisch und ohne Mühe abspeichern. Wenn ich mir etwas in Erinnerung rufen will, wird es sofort und richtig vor meinem inneren Auge erscheinen. Mein Gedächtnis wird jeden Tag bedeutend besser, und schon bald wird es leistungsstärker sein als je zuvor.

Kommentar: Denken oder sagen Sie nie so etwas wie »Mein Gedächtnis wird immer schlechter« oder »Vielleicht werde ich dement«. Wenn solche Gedanken am Torwächter Ihres Bewusstseins vorbeigelangen und in Ihr Unterbewusstsein eindringen, wird es sie auch umsetzen. Ersetzen Sie negative durch positive Gedanken.

Woche 32
Werden Sie schlechte Angewohnheiten los

Mein Geist befindet sich in einem Zustand des Friedens, der Gelassenheit und des Gleichgewichts. Die Unendlichkeit liegt da, in lächelnder Ruhe. Ich habe keine Angst vor den Geschehnissen der Vergangenheit, der Gegenwart oder der Zukunft. Die unendliche Intelligenz meines Unterbewusstseins führt und leitet mich in jeder Hinsicht. Ich stelle mich nun jeder Situation voller Glauben, Selbstsicherheit, Ruhe und Zuversicht. Ich habe mich vollständig von der schlechten Angewohnheit befreit. Mein Geist ist von innerem Frieden, Freiheit und Freude erfüllt. Ich vergebe mir selbst; dann ist mir vergeben. In meinem Geist herrschen Frieden, Gesundheit und Zuversicht.

Kommentar: Sie sind ein Gewohnheitstier. So funktioniert das Unterbewusstsein. Sie haben gelernt, zu schwimmen, Fahrrad zu fahren, zu tanzen und Auto zu fahren, indem Sie die Abläufe ganz bewusst immer wieder durchgeführt haben, bis sie ins Unterbewusstsein übergegangen waren. Von da an übernahmen die automatischen Abläufe des Unterbewusstseins. Daher sagen wir oft, etwas sei uns »in Fleisch und Blut übergegangen«. Es steht Ihnen frei, ob Sie sich gute oder schlechte Angewohnheiten zulegen. Wenn Sie einen negativen Gedanken oder eine negative Handlung eine gewisse Zeit lang wiederholen, wirkt danach der Zwang der Gewohnheit.

Woche 33
Werden Sie Ihre schlechte Laune los

Von nun an werde ich bessere Laune haben. Freude, Glück und Fröhlichkeit sind bei mir jetzt der Normalzustand. Ich werde jeden Tag liebevoller und verständnisvoller. Ich bilde ein Zentrum der Freude und des Wohlwollens für alle Menschen in meiner Umgebung und stecke sie mit meiner guten Laune an. Diese fröhliche, glückliche und freudige Stimmung ist von jetzt an meine normale, natürliche Einstellung. Dafür bin ich dankbar.

Kommentar: Wenn Sie Zorn oder Feindseligkeit irgendjemandem – etwa Ihrem Partner, einem Nachbarn, Kollegen oder Vorgesetzten – gegenüber hegen, können Sie dieses Verhältnis verbessern, indem Sie an Ihrer Einstellung der Person gegenüber arbeiten. Andere Menschen neigen dazu, uns besser zu behandeln, wenn wir sowohl dem Leben an sich als auch konkret der Person gegenüber positiver gestimmt sind. Und selbst wenn sich der andere daraufhin nicht zum Guten verändert, wird die positive Einstellung Ihre Laune verbessern. Dann hat der andere nämlich keine Macht mehr über Ihre Gedanken und Gefühle. Sie werden frei sein und es spüren.

Woche 34
Überwinden Sie Ihren Neid

Ich weiß, dass ich nicht empfangen kann, was ich nicht gebe, daher schenke ich _____ und allen anderen Menschen Gedanken der Liebe, des Friedens, des Lichts und des Wohlwollens. Ich werde von der göttlichen Macht geleitet. Statt das zu wollen, was _____ hat, richte ich meine Aufmerksamkeit auf das, was ich mir wirklich wünsche (beschreiben Sie hier, was das ist, etwa Gesundheit, Ansehen, ein gutes Gehalt, einen Partner/eine Partnerin oder bestimmte materielle Güter). Es ist genug da, um alle Wünsche zu erfüllen, ohne dass ich mir etwas wünschen muss, was anderen gehört. Gemäß dem Gesetz der Anziehungskraft wird alles, was ich mir wirklich wünsche, auch von mir angezogen.

Kommentar: Begehren Sie niemals, unter keinen Umständen, die Arbeitsstelle, den/die Partner/in, das Haus oder Ähnliches eines anderen Menschen. Jemanden zu beneiden heißt, Verlust, Mangel und Beschränkungen anzuziehen. Auf diese Weise treiben Sie sich selbst in die Armut. Sie sagen zu sich: »Er kann all das haben, aber ich nicht.« Sie verleugnen Ihre eigene Göttlichkeit. Andere im Geiste zu bestehlen heißt, sich selbst zu bestehlen.

Dieser Verlust kann sich auf verschiedene Weise einstellen: Sie können krank werden, Ihr Ansehen, eine Beförderung, Liebe oder Geld einbüßen. Was genau passieren wird, lässt sich nicht vorab ermitteln. Sie wollen nicht die Arbeitsstelle des anderen – sie wollen eine ebenbürtige Stelle für sich, mit den gleichen Privilegien, dem gleichen Lohn und den gleichen Vorteilen.

Die unendliche Intelligenz kann Ihnen neue Türen öffnen. Wenn Sie sie anrufen, werden Sie eine Antwort erhalten.

Woche 35
Überwinden Sie Ihre Faulheit

Handeln ist eine Folge des Denkens. Ich weiß, was getan werden muss, und werde es rechtzeitig erledigen. Ich bin organisiert, effizient und produktiv. Ich teile mir meine täglichen Aufgaben nach Priorität ein und nehme sie mir in der Reihenfolge ihrer Dringlichkeit vor. Selbst die schwierigsten Aufgaben gehe ich frohen Mutes an. Ich verfüge über das Wissen, die Fähigkeiten und die Ressourcen, um alle Projekte zum Abschluss zu bringen, und über die Beharrlichkeit, um alle Hindernisse zu überwinden. Ich bin stolz auf meine Erfolge und dankbar für das, was sie mir einbringen.

Kommentar: Ein Projekt oder eine Aufgabe anzufangen ist oft der schwierigste Schritt. Halten Sie sich am Ende des Arbeitstages zehn bis 15 Minuten frei, um eine To-do-Liste für den folgenden Tag zu erstellen. Seien Sie noch beim Einschlafen dankbar dafür, einen Plan und ein Ziel für den nächsten Tag festgelegt zu haben. Dann wissen Sie gleich beim Aufwachen, was Sie vorhaben und wo Sie anfangen sollen. Haken Sie die einzelnen Punkte auf der Liste ab, sobald sie erledigt sind, als Belohnung für das Erreichte. Gehen Sie nie ins Bett, ohne sich einen Plan für den folgenden Tag gemacht zu haben.

Woche 36
Verbessern Sie Ihre sportlichen Leistungen

Ich bin entspannt, ich bin gelassen, ich bin ruhig. Mein Training hat mich genau auf diese Situation vorbereitet. Ich gehe vor jedem Wettbewerb in mich, und die allmächtige Kraft in mir übernimmt das Ruder. Ich lade diese höhere Macht dazu ein, mich zu durchströmen und mich zu führen. Ich bin dankbar für diese Gelegenheit und nutze sie voller Freude. Mein Auftritt ist elegant, ruhmreich und mühelos.

Kommentar: Wenn talentierte Sportler eine herausragende Leistung bringen, beschreiben sie ihren Gemütszustand meistens als »im Tunnel«. Sie verspüren übermenschliche Kräfte und vollbringen ohne bewusste Anstrengung Taten, die unerreichbar schienen. Wenn Sie im Tunnel sind, spüren Sie Ihren Körper nicht. Sie verlieren Ihr Ego. Sie gehen ganz in der Aufgabe auf und sind eins mit dem Universum. Dann fühlt sich die Leistung mühelos an, als hätte eine höhere Macht für Sie übernommen – was auch stimmt. Wiederholen Sie diese Affirmation vor jedem Wettbewerb, um Ihre Leistung bereitwillig in die Hände dieser allmächtigen Kraft zu legen.

Woche 37
Halten Sie selbstbewusst eine Rede

Ich strahle Liebe, Frieden und Wohlwollen in Richtung des Publikums aus. Es ist von universeller Liebe umgeben und eingehüllt. Ich freue mich, hier zu sein, und bin dankbar für die Gelegenheit, über ein Thema zu sprechen, das mir am Herzen liegt. Die unendliche Intelligenz denkt, spricht und handelt durch mich. Meine Worte heilen, beglücken und inspirieren. Frieden erfüllt die Herzen aller im Publikum, meine Worte erheben sie empor und beflügeln sie.

Kommentar: Die Angst davor, in der Öffentlichkeit zu sprechen, hält viele Menschen davon ab, ihr Potenzial voll auszuschöpfen. Um diese Angst zu überwinden und selbstbewusst auftreten zu können, nehmen Sie sich viel Zeit, um die Rede vorzubereiten. Das Wiederholen einer Affirmation kann diese Vorbereitung nicht ersetzen. Nutzen Sie die Affirmation stattdessen, um sich zu beruhigen, während Sie Ihre Aufmerksamkeit auf das Publikum richten. Wenn Sie die Zuhörer vor der Rede oder Präsentation mit Liebe und Wohlwollen bedenken, nehmen Sie sie eher als Mitbeteiligte am Ereignis und weniger als Bedrohung wahr.

Woche 38
Verbessern Sie Ihre Lernleistungen

Ich weiß, dass mein Unterbewusstsein die Lagerhalle meines Gedächtnisses ist. Dort wird alles abgelegt, was ich lese und von den Lehrern höre. Ich habe ein perfektes Gedächtnis, und die unendliche Intelligenz in meinem Unterbewusstsein liefert mir stets alles, was ich bei den Prüfungen wissen muss. Das gilt für schriftliche und mündliche Prüfungen gleichermaßen. Ich strahle Liebe und Wohlwollen in Richtung meiner Lehrer und Mitschüler aus. Ich wünsche ihnen von Herzen Erfolg und alles Gute.

Kommentar: Mangelnder Erfolg in der Schule ist meist das Ergebnis von Gleichgültigkeit oder Widerwillen den Lehrern oder Mitschülern gegenüber. Wiederholen Sie diese Affirmation mehrmals täglich, vor allem abends vor dem Schlafengehen und auch morgens nach dem Aufwachen. Das sind die besten Zeiten, um auf das Unterbewusstsein einzuwirken. Malen Sie sich aus, wie Ihnen Ihre Lehrer und Eltern zu Ihrem Erfolg gratulieren. Schon bald werden sich Ihre Noten und Ihre Leistungen im Klassenzimmer verbessern.

Woche 39
Arbeiten Sie an Ihrem beruflichen Erfolg

Alle Mitarbeiter unseres Unternehmens sind ehrlich, aufrichtig, treu und stehen einander wohlwollend gegenüber. Sie sind die mentalen und spirituellen Glieder der Kette, die das Wachstum, den Erfolg und den Wohlstand unseres Unternehmens bilden. Ich strahle in meinen Gedanken, Worten und Taten meinen Kollegen und allen anderen Menschen im Unternehmen gegenüber Liebe, Frieden und Wohlwollen aus. Die Vorgesetzten und Führungskräfte werden in ihrem gesamten Tun von Gott geleitet. Die unendliche Intelligenz meines Unterbewusstseins trifft alle meine Entscheidungen. Unsere Geschäftstransaktionen und unser Verhältnis zueinander stehen ganz im Zeichen des richtigen Handelns. Schon bevor ich ins Büro komme, schicke ich Botschafter der Liebe, des Friedens und des Wohlwollens voraus. In den Köpfen und Herzen aller Unternehmensmitarbeiter einschließlich mir selbst herrschen Frieden und Harmonie. Ich gehe den neuen Tag nun voller Glauben, Zuversicht und Vertrauen an.

Kommentar: Verstimmungen am Arbeitsplatz können sich negativ auf Ihre Leistungen und auf Ihr Verhalten gegenüber Kollegen und Vorgesetzten auswirken. Ihren Geist neu zu programmieren, um sich eine positive Einstellung gegenüber dem Unternehmen und Ihrem Beitrag zu dessen Gedeihen zu verschaffen, führt zu größeren Erfolgen am Arbeitsplatz und für das Unternehmen insgesamt.

Woche 40
Verbessern Sie die Beziehung zu Ihren Kollegen

Ich denke, spreche und handle ruhig, friedlich und voller Liebe. Ich strahle jetzt Liebe, Frieden, Toleranz und Güte in Richtung all derjenigen aus, die mich kritisieren und über mich lästern. Ich richte meine Gedanken ganz auf Frieden, Harmonie und Wohlwollen allen anderen gegenüber aus. Wenn ich eine negative Reaktion in mir aufkommen spüre, sage ich entschlossen zu mir selbst: »Ich denke, spreche und handle nun vom Standpunkt der Harmonie, der Gesundheit und des Friedens in meinem Inneren aus.« Die kreative Intelligenz leitet und lenkt mein Leben in jeder Hinsicht.

Kommentar: Wenn Sie sich über Arbeitskollegen ärgern, ist es möglich, dass die Unstimmigkeiten und die

Unruhe auf bestimmte unterbewusste Muster oder Projektionen Ihrerseits zurückgehen. Wir wissen, dass Hunde stark auf Menschen reagieren, die Angst vor Hunden haben oder keine Hunde mögen. Tiere nehmen diese unterbewussten Schwingungen wahr und richten ihr Verhalten danach aus. Viele Menschen sind genauso empfindlich wie Hunde, Katzen und andere Tiere. Manchmal kann man die Art und Weise, wie man behandelt wird, am besten verändern, indem man verändert, was man selbst über diese Menschen denkt und wie man mit ihnen umgeht.

Woche 41
Verbessern Sie das Verhältnis zu Ihrem Chef

In meinem Universum bin ich die einzige denkende Instanz. Ich bin dafür verantwortlich, was ich über meinen Chef denke, nicht er. Ich weigere mich, irgendeinem Menschen, Gegenstand oder Ort die Macht zuzugestehen, mich zu verärgern oder mir zuzusetzen. Ich wünsche meinem Chef Gesundheit, Erfolg, Seelenfrieden und Glück. Ich wünsche ihm alles Gute und weiß, dass er bei allem, was er tut, von einer göttlichen Macht geleitet wird.

Kommentar: Wenn Sie ein angespanntes Verhältnis zu einem Vorgesetzten haben, kann es sein, dass Sie ihm gegenüber Bitterkeit oder Feindseligkeit hegen und Ihr Geist daher von Kritik, inneren Auseinandersetzungen und Vorwürfen erfüllt ist. Die Folge ist, dass diese Negativität, die Sie ausstrahlen, zu Ihnen zurückkehrt.

Um die Beziehung zu verbessern, sprechen Sie diese Affirmation immer wieder laut aus, langsam und mit ruhiger, gefühlvoller Stimme, in dem Wissen, dass Ihr Geist ein Garten ist und dass das, was Sie dort pflanzen, die Früchte Ihrer Gedanken tragen wird. Malen Sie sich außerdem vor dem Einschlafen folgende Szene aus: Ihr Vorgesetzter gratuliert Ihnen zu Ihrer guten Arbeit, zu Ihrem Einsatz, Ihrem Arbeitseifer und den positiven Rückmeldungen der Kunden. Versetzen Sie sich ganz in die Situation hinein, spüren Sie den Handschlag des Vorgesetzten, hören Sie seine Stimme und sehen Sie sein Lächeln. Erzeugen Sie einen geistigen Film mit so vielen Details wie möglich. Lassen Sie diesen Film Abend für Abend vor Ihrem inneren Auge ablaufen, in dem Wissen, dass Ihr Unterbewusstsein ein Medium ist, in das sich bewusste Bilder einprägen lassen.

Woche 42
Bringen Sie Projekte zum Abschluss

Ich weiß, dass ich eins bin mit der unendlichen Intelligenz meines Unterbewusstseins, die keine Hindernisse, keine Schwierigkeiten oder Verzögerungen kennt. Ich lebe in freudiger Erwartung des Allerbesten. Die tieferen Strukturen meines Geistes reagieren auf meine Gedanken. Ich weiß, dass die Arbeit der unendlichen Macht in meinem Unterbewusstsein nicht aufgehalten werden kann. Die unendliche Intelligenz schließt alles, was sie beginnt, erfolgreich ab. Die kreative Weisheit arbeitet durch mich und setzt alle meine Pläne und Vorhaben um. Was ich beginne, bringe ich erfolgreich zu Ende. Mein Ziel im Leben ist es, gute Dienste zu leisten. Das, was ich zu bieten habe, kommt allen zugute, mit denen ich in Kontakt trete. Meine Arbeit trägt entsprechend der göttlichen Ordnung reiche Früchte.

Kommentar: Wenn es Ihnen schwerfällt, Projekte zu Ende zu bringen, Geschäfte abzuschließen oder sich an Vereinbarungen zu halten, leiden Sie vielleicht unter einer mentalen Blockade, die Sie daran hindert, diese Dinge zum Abschluss zu bringen. Oder Sie haben Angst, Ihr Gegenpart könnte einen Rückzieher machen. Beharrlichkeit ist ein entscheidender Faktor des Erfolgs.

Woche 43
Glänzen Sie als Lehrer

Gott hat mir keinen ängstlichen Geist gegeben, sondern einen, der von Kraft, Liebe und einem gesunden Verstand durchdrungen ist. Ich glaube fest und unerschütterlich an Gott als das freigebige, allgegenwärtige Gute. Er sorgt für Lebenskraft und mein Wohlergehen. Ich verspüre Frieden. Ich strahle Liebe und Wohlwollen in Richtung meiner Schüler, der Schulleitung, der Verwaltung, meinen Lehrerkollegen und allen Menschen in meiner Umgebung aus. Ich wünsche ihnen aus tiefstem Herzen Frieden, Freude und Glück. Die Intelligenz und Weisheit Gottes beleben und fördern alle Schüler in meiner Klasse zu jeder Zeit, und ich bin erleuchtet und beflügelt. Wenn ich versucht bin, negativ zu denken, werde ich mich gleich auf Gottes heilende Liebe besinnen.

Kommentar: Eine junge Lehrerin beklagte sich bei mir, dass sie nichts erreichte, obwohl sie Gott regelmäßig um Wohlergehen und Erfolg bat. Im Gespräch mit ihr entdeckte ich, dass sie problematische Situationen unterbewusst immer wieder durchspielte – ihre Auseinandersetzungen mit den Schülern, den Eltern und der Schulleitung. Ich wies sie darauf hin, dass sie den Reichtum des Lebens, der in ihr steckte, durch diese negativen, zerstörerischen

Gedanken vergeude. Sie veränderte ihre Einstellung und wiederholte diese Affirmation regelmäßig in tiefer Einsicht. Innerhalb eines Monats waren alle ihre Beziehungen von Harmonie geprägt und sie erhielt die Beförderung, die sie sich gewünscht hatte.

Woche 44
Gründen und leiten Sie ein Unternehmen

Mein Unternehmen arbeitet und handelt richtig. Ich verfüge jetzt und dauerhaft über die Ideen, das Geld, das Fachwissen und die Kontakte, die ich benötige. All diese Dinge werden aufgrund des Gesetzes der universellen Anziehungskraft unwiderstehlich von mir angezogen. Gott ist die Seele meines Unternehmens, er leitet und inspiriert mich auf all meinen Wegen. Jeden Tag offenbaren sich mir wunderbare Gelegenheiten, durch die das Unternehmen wachsen und sich weiterentwickeln kann. Ich baue Wohlwollen auf. Ich habe Erfolg, weil ich die Menschen, mit denen ich Geschäfte mache, so behandle, wie ich von ihnen behandelt werden möchte.

Kommentar: Ein erfolgreiches Unternehmen ist nicht mehr als eine gute Idee, die richtig umgesetzt wird. Viele Menschen haben Angst davor, etwas Eigenes auf die Beine zu stellen, weil sie fürchten, nicht fähig zu sein, ihre

Vorstellungen umzusetzen. Diese Affirmation hilft Ihnen dabei, die Ideen, Mittel, Mitarbeiter und Kontakte anzuziehen, die Sie brauchen, um ein erfolgreiches Unternehmen zu gründen und zu führen. Der leidenschaftliche Wunsch und der feste Glaube daran, dass Ihr Vorhaben florieren wird, führen in Kombination mit beharrlicher Ausdauer zum Erfolg.

Woche 45

Schützen Sie Ihr Haus, Ihr Unternehmen und Ihr Eigentum

Die alles umspannende Präsenz, die Planeten auf ihrer Bahn kreisen und die Sonne scheinen lässt, wacht auch über mein Eigentum, mein Haus, mein Unternehmen und alles, was mein ist. Gott ist die Quelle aller Güter. Diese Quelle ist nun mein. Seine Gaben strömen mir reichlich und großzügig zu. Ich bin mir meines wahren Wertes stets bewusst. Ich bin freigebig mit meinen Fähigkeiten und werde dafür wunderbar von Gott belohnt. Danke, Vater!

Kommentar: Erinnern Sie sich täglich an diese wichtige Wahrheit und befolgen Sie das Gesetz der Liebe, dann wird Gott Sie immer auf all Ihren Wegen leiten, behüten und für Ihr Wohlergehen sorgen. Sie werden niemals

Mangel leiden, denn Sie haben sich die höchste Macht zum Ratgeber und Anführer erwählt. Gottes Liebe umgibt, umhüllt und umschließt Sie jederzeit. Sie ruhen in den ewigen Armen Gottes.

Woche 46
Überwinden Sie irrationale Ängste

Diese Angst ist ein reines Gedankenwerk und Selbstbetrug. Ich bin der Meister meiner Gedanken. Ich stelle mir vor, ich befände mich in der Gegenwart der Sache, die ich fürchte, oder wäre mit der Handlung beschäftigt, die mir Angst macht, und fühle mich zuversichtlich und entspannt.

Kommentar: Rationale Angst ist gut. Wenn Sie ein Auto kommen hören, gehen Sie von der Straße, damit Ihnen nichts passiert. Die Angst, überfahren zu werden, wird durch Ihre Reaktion überflüssig. Irrationale Ängste hingegen sind Ihnen von Ihren Eltern, Verwandten, Lehrern und anderen, die Sie in jungen Jahren geprägt haben, vermittelt worden. Diese Ängste beruhen auf falschen oder extrem übertriebenen Überzeugungen, etwa dass alle Schlangen eine ernsthafte Gefahr darstellen, obwohl in Wahrheit die meisten von ihnen harmlos sind und Ihnen genauso ungern begegnen wie Sie ihnen.

Der Philosoph und Dichter Ralph Waldo Emerson sagte einmal: »Tu, wovor du Angst hast, und die Angst wird sterben.« Malen Sie sich zuallererst aus, wie Sie sich der gefürchteten Situation stellen. Wenn Sie beispielsweise Angst vorm Wasser haben, gehen Sie ins Schwimmbad, schauen Sie ins Wasser und sagen Sie mit kräftiger Stimme: »Ich werde dich bezwingen. Ich kann dich beherrschen.« Gehen Sie dann ins Wasser und nehmen Sie, wenn nötig, Schwimmunterricht. Denken Sie daran, Sie sind der Bezwinger des Wassers. Lassen Sie nicht zu, dass das Wasser Sie bezwingt. Wenn Sie eine neue Geisteshaltung entwickeln, reagiert die allmächtige Macht des Unterbewusstseins darauf und verleiht Ihnen die Kraft, den Glauben und die Zuversicht, um die Angst zu überwinden.

Woche 47
Überwinden Sie Prüfungsangst

Ich weiß, dass mein Unterbewusstsein die Lagerhalle meines Gedächtnisses ist. Dort wird alles abgelegt, was ich lese und von den Lehrern höre. Ich habe ein perfektes Gedächtnis, und die unendliche Intelligenz in meinem Unterbewusstsein liefert mir stets alles, was ich bei den Prüfungen wissen muss. Das gilt für schriftliche und mündliche Prüfungen gleichermaßen. Ich strahle Liebe und Wohlwollen in Richtung meiner Lehrer und Mitschüler aus. Ich wünsche ihnen von Herzen Erfolg und alles Gute.

Kommentar: Bei Prüfungen, Klausuren und schriftlichen Arbeiten stellen Schüler und Studenten oft fest, dass Ihr gesamtes Wissen plötzlich wie weggeblasen ist. In ihrem Kopf herrscht absolute Leere und sie können sich an keinen einzigen relevanten Gedanken erinnern. Je mehr sie sich bemühen, desto weiter scheint sich die Antwort von ihnen zu entfernen. Doch wenn sie den Prüfungsraum verlassen haben und der Druck nachlässt, kehren die so qualvoll gesuchten Antworten sofort zurück. Denn das Versagen wurde dadurch ausgelöst, dass der Prüfling sich dazu zwingen wollte, sich zu erinnern. Dies ist ein Beispiel für das Gesetz des entgegengesetzten Effekts, nach dem man das Gegenteil dessen erhält, worum man gebeten hat.

Woche 48
Bewahren Sie in schwierigen Situationen die Ruhe

Ich weiß, dass kein negativer Gedanke sich je in meinem Geist einnisten kann, wenn ich ihn nicht mit Emotionen unterfüttere und ihn mental akzeptiere. Ich weigere mich, mir von anderen Menschen Angst einreden zu lassen. Deshalb kann mir nichts passieren. Ich befinde mich ganz entspannt im tiefen, unbewegten Ozean des Friedens im Zentrum meines Seins.

Kommentar: Im Rahmen meiner Vorträge auf der ganzen Welt ergab sich einmal ein zweistündiges Gespräch mit einem bekannten Regierungsvertreter. Er war von einem tiefen inneren Frieden und von Gelassenheit erfüllt und sagte, er lasse die Schmähungen, die er für seine politische Arbeit in den Medien und von der Oppositionspartei erfahre, gar nicht an sich heran. Seine Methode bestehe darin, sich jeden Morgen 15 Minuten lang ruhig hinzusetzen und sich darauf zu konzentrieren, dass sich in seinem Inneren ein tiefer, stiller Ozean des Friedens befinde. Diese Meditation gibt ihm die nötige Kraft, um sich allen Problemen und Ängsten zu stellen.

Woche 49
Beruhigen Sie einen unsteten Geist

Hiermit verfüge ich, dass die Intelligenz, Weisheit und der Friede Gottes _____ durchdringen und er/sie frei und glücklich ist und von innen heraus strahlt. Er/Sie ist nun wieder bei vollem Verstand. Der Geist Gottes ist der einzige wahre und ewige Geist; er erfüllt den Geist von _____, der/die nun gelassen, ruhig, entspannt und klar ist. Er/Sie ist vom Glauben an Gott, an das Leben und alle guten Dinge durchdrungen. Das bestimme ich, ich fühle es und ich sehe, dass er/sie jetzt heil und ganz ist. Danke, Vater.

Kommentar: Wenn Sie für jemanden beten, der an einer psychischen Krankheit leidet, können Sie nicht immer auf dessen Kooperation hoffen. Möglicherweise ist er oder sie für Vernunft und Urteilsvermögen nicht mehr zugänglich. Er/Sie wird von den Gespenstern des Unterbewusstseins beherrscht, die in den düsteren Galerien seines Geistes umgehen. Wenn Sie für einen solchen Menschen beten, müssen Sie die Arbeit allein übernehmen. Sie müssen selbst davon überzeugt sein, dass ihm Freiheit, Frieden, Harmonie und Verständnis zustehen. Wiederholen Sie diese Affirmation zwei- bis dreimal täglich voller Liebe, Zuneigung und Glauben daran, dass es der geliebten Person bald besser geht.

Wenn Sie diese Wahrheiten für sich aussprechen und dabei anerkennen, dass es nur einen Geist gibt, werden Sie langsam, durch die wiederholten Bilder in Ihrem Geist, zu einer festen Überzeugung gelangen. In dem Augenblick ist der Mensch, für den Sie beten, geheilt.

Woche 50
Bleiben Sie jung

Das Leben durchströmt mich wie Elektrizität die Leitungen. Es ist eine alterslose Kraft, die meinen Körper und meinen Geist ständig aktiv hält. Ich freue mich auf jeden neuen Tag, der mir Gelegenheiten bietet, die Schönheit zu erfahren und zu genießen, die mich umgibt. Ich bin immer daran interessiert, die Wunder des Universums zu erforschen, die sich mir offenbaren. Mein Wissen und meine Erfahrungen ermöglichen mir, Herausforderungen zu bewältigen, die zwischen mir und meinen Zielen stehen. Ich sprühe vor Leben, bin widerstandsfähig und unsterblich.

Kommentar: Ihr Unterbewusstsein wird niemals alt. Es ist zeitlos, alterslos und endlos. Es ist Teil eines universellen Geistes von unendlicher Dauer und Macht, der niemals geboren wurde und niemals sterben wird. Ermüdung und Alter sind niemals spirituell bedingt. Geduld, Freundlichkeit, Aufrichtigkeit, Bescheidenheit, Wohlwollen, Frieden, Harmonie und Nächstenliebe sind Eigenschaften, die nie alt werden. Wenn Sie diese Eigenschaften in Ihrem Leben dauerhaft ausstrahlen, werden Sie im Geist stets jung bleiben.

Woche 51

Verpflichten Sie sich dem positiven Denken

Von diesem Augenblick an lasse ich nur solche Ideen und Gedanken in meinen Geist ein, die mich heilen, beflügeln, mir guttun und mir Kraft verleihen.

Kommentar: Schon lange vor der Bibel lautete eine alte Weisheit: »Was ein Mensch sich vorstellt und empfindet, so wird er auch.« Diese alte Lehre ist mit der Zeit in Vergessenheit geraten. Pjotr Demjanowitsch Ouspensky, ein russischer Mathematiker und Esoteriker, wies auf die Bedeutung von inneren Auseinandersetzungen oder Selbstgesprächen hin, weil das Geschehen im Inneren das äußere Verhalten und Auftreten prägt. Sind Ihre inneren Gespräche wohltuend? Sorgen Sie dafür, dass Ihre Worte, Ihre unausgesprochenen Gedanken und Gefühle mit Ihren Wünschen übereinstimmen. Ein Herr Nicols, der ein Schüler Ouspenskys war, pflegte zu sagen: »Achten Sie auf Ihre innere Stimme und darauf, dass das, was sie sagt, zu Ihren Zielen passt.« Wünsche und Gefühle, die eine geistige Ehe eingehen, werden zu erhörten Gebeten.

Woche 52

Verfassen Sie Ihre eigene Affirmation, die Sie einem negativen oder zerstörerischen Gedanken entgegensetzen wollen

____

____

____

____

Kommentar: Im Verlauf Ihres Lebens haben andere Menschen möglicherweise negative, kontraproduktive Gedanken in Ihren Geist eingepflanzt. Dinge wie »Du wirst versagen«, »Du hast keine Chance«, »Du hast völlig unrecht«, »Das bringt nichts«, »Es geht nicht darum, was du kannst, sondern wen du kennst«, »Die Welt geht vor die Hunde«, »Was soll das bringen? Es interessiert doch ohnehin niemanden«, »Die Mühe lohnt sich nicht«, »Dafür bist du zu alt«, »Es wird immer nur schlimmer«, »Das Leben ist eine endlose Plackerei«, »Liebe ist nur Gefühlsduselei«, »Du kannst einfach nicht gewinnen«, »Bald bist du bankrott«, »Pass auf, du fängst dir ein Virus ein« oder »Du kannst niemandem vertrauen«.

Ermitteln Sie einen negativen oder zerstörerischen Gedanken, der Ihnen eingepflanzt wurde, schreiben Sie eine Affirmation, um ihm entgegenzuwirken, und nutzen Sie dann die Macht der Autosuggestion (durch Wiederholen der Affirmation), um den destruktiven Gedanken durch einen konstruktiven zu ersetzen. Formen Sie Ihren Geist auf diese Weise um, sodass Sie ihm gesunde Gedanken und Verhaltensweisen aufprägen.

Teil 3: Weitere Techniken, um Gedanken im Unterbewusstsein zu verankern

Affirmationen sind ein sehr effektives Mittel, um Gedanken und Wünsche im Unterbewusstsein zu verankern, das sich dann kreativ und mit großer Beharrlichkeit daranmacht, diese Wünsche in Erfüllung gehen zu lassen. Dennoch gibt es eine Reihe weiterer Techniken, die ebenfalls sehr wirksam sind. In diesem Teil werden zehn solche Methoden vorgestellt, die es Ihnen ermöglichen, Ihre Gedanken zu steuern und so Ihr Schicksal selbst in die Hand zu nehmen.

Die Übertragungsmethode

Diese Methode besteht im Grunde darin, das Unterbewusstsein dazu zu bewegen, eine Aufforderung, die ihm vom Bewusstsein übermittelt wird, anzunehmen. Dafür eignet sich am besten ein tranceähnlicher Zustand. Machen Sie sich bewusst, dass in den tieferen Strukturen

Ihres Geistes unendliche Intelligenz und Macht zu finden sind. Denken Sie nun ganz ruhig an das, was Sie sich wünschen, sehen Sie vor sich, wie es von diesem Augenblick an umgesetzt wird. Seien Sie wie das kleine Mädchen, das an einem schlimmen Husten und Halsschmerzen litt und entschieden und wiederholt erklärte: »Es wird jetzt besser. Es wird jetzt besser.« Nach etwa einer Stunde wurde es wirklich besser. Gehen Sie ganz schlicht und naiv an diese Methode heran.

Ein Bauplan für das Unterbewusstsein

Wenn Sie ein neues Haus für sich und Ihre Familie bauen, ist Ihnen klar, wie wichtig ein Bauplan in diesem Zusammenhang ist. Sie sorgen dafür, dass sich die Handwerker an diesen Plan halten. Sie begutachten das Material und wählen nur das beste Holz, den besten Stahl, ja nur das Beste von allem aus. Wie sieht es mit Ihrem geistigen Haus und Ihrem geistigen Bauplan für Glück und Fülle aus? Ihre gesamten Erfahrungen und alles, was Ihr Leben prägt, hängen von der Natur der geistigen Bausteine ab, die Sie zum Bau Ihres geistigen Hauses benutzen.

Wenn Ihr Bauplan von Strukturen der Angst, der Sorge oder des Mangels durchsetzt ist und Sie mutlos, skeptisch und zynisch sind, wird das geistige Material, mit dem Sie Ihren Geist füttern, für mehr Mühe, Kummer, Anspannungen, Ängste und Beschränkungen aller Art sorgen. Die wichtigste und weitreichendste Aktivität in Ihrem Leben ist die Frage, wie Ihre Denkweise in jeder wachen Stunde beschaffen ist. Ihre Worte mögen unausgesprochen und unsichtbar sein, aber sie sind dennoch real. Sie arbeiten ständig an Ihrem geistigen Haus, und Ihre Gedanken und mentalen Bilder stellen den Bauplan dar. Sie können durch die Gedanken, die Sie denken, die Ideen, die Ihnen durch den Kopf gehen, die Ansichten, die Sie vertreten, und die Filmszenen, die Sie im verborgenen Studio Ihres Geistes drehen, in jeder Stunde, sogar in jedem Augenblick auf strahlende Gesundheit, Erfolg und Glück hinarbeiten. Das stattliche Anwesen, mit dessen Bau Sie die ganze Zeit über beschäftigt sind, ist Ihre Persönlichkeit, Ihr Wesen, Ihre Lebensgeschichte hier auf Erden.

Erstellen Sie einen neuen Bauplan

Bauen Sie sich ganz still und leise Ihre neue Realität auf, indem Sie Frieden, Harmonie, Freude und Wohlwollen ausstrahlen. Wenn Sie sich auf diese Dinge konzentrieren und sie verinnerlichen, wird Ihr Unterbewusstsein den Bauplan akzeptieren und sie herbeiführen. »An ihren Früchten werdet ihr sie erkennen.« (Matthäusevangelium 7, 16)

Das wirksame Gebet

Gebete sind Ausformulierungen dessen, was Sie erreichen wollen. Sie stellen das innigste Verlangen der Seele dar. Ihr Verlangen ist Ihr Gebet. Es entsteht aus einem tiefen Bedürfnis heraus und zeigt, was Sie sich für Ihr Leben wünschen. Das Verlangen nach Nahrung ist ein Gebet, das ständig erfüllt wird, mehrmals am Tag, für Milliarden von Menschen. Aber man kann auch nach Frieden, Harmonie, Gesundheit, Reichtum, Freude oder anderen Dingen des Lebens hungern oder dürsten und erhört werden.

Beim wirksamen Gebet geht es darum, an das zu denken, was Sie wollen, wonach Sie ein Verlangen spüren. Um wirksam zu beten, müssen Sie ein klares Bild vor Ihrem geistigen Auge heraufbeschwören (koordiniert, geordnet und durchdacht), wenn Sie die Bitte äußern.

»Bittet, dann wird euch gegeben; sucht, dann werdet ihr finden; klopft an, dann wird euch geöffnet.« (Matthäusevangelium 7, 7) In diesem Bibelzitat geht es darum, das zu empfangen, worum man bittet. Ihnen soll geöffnet werden, wenn Sie klopfen, und Sie sollen das finden, wonach Sie suchen. Diese Lehre enthält eine Bestätigung der geistigen und spirituellen Gesetze. Die unendliche Intelligenz im Unterbewusstsein reagiert immer auf Ihre bewussten Gedanken. Wenn Sie um Brot bitten, werden Sie keinen Stein erhalten.

Sie müssen beim Aussprechen der Bitte von Glauben erfüllt sein, wenn Sie sie erfüllt haben wollen. Ihr Geist geht bei der Umsetzung vom Visuellen aus. Wenn Sie kein Bild im Kopf haben, kann dieser Schritt nicht stattfinden, weil Ihr Geist keinen Anknüpfungspunkt hat. Ihr Gebet – eine Handlung des Geistes – muss als Bild verankert sein, bevor die Macht des Unterbewusstseins reagieren und in Aktion treten kann. Sie müssen einen Zustand der Akzeptanz erreichen, der bedingungslosen und unstrittigen Zustimmung. Dieser Prozess sollte von einem Gefühl der Freude und Gelassenheit begleitet werden, das sich daraus ergibt, dass Sie das Erreichen Ihres Ziels schon vor sich sehen.

Die Kunst und die Wissenschaft des wahren Gebets gründen sich auf Ihr Wissen und Ihr vollständiges Vertrauen darauf, dass die Bemühungen Ihres Bewusstseins ganz sicher eine Reaktion des Unterbewusstseins auslösen werden. Es verfügt über grenzenlose Weisheit und unendliche Macht. Wenn Sie diese Anweisungen befolgen, werden Ihre Gebete erhört.

Die Visualisierungstechnik

Die einfachste und offensichtlichste Methode, einer Idee Ausdruck zu verleihen, besteht darin, sie sich bildlich vorzustellen, sie so deutlich vor dem inneren Auge zu sehen, als wäre sie Realität. Mit den Augen des Körpers kann man nur das sehen, was in der Außenwelt existiert – und genauso existiert das, was man mit dem inneren Auge sehen kann, im unsichtbaren Reich des Geistes. Jedes Bild, das Sie im Kopf haben, ist die Essenz des Erhofften und ein Indiz des Nicht-Sichtbaren. Was in Ihrer Vorstellungskraft entsteht, ist genauso real wie jeder Körperteil. Ideen und Gedanken sind real und werden eines Tages in der echten Welt umgesetzt werden, wenn Sie fest daran glauben. Dieser Denkprozess hinterlässt Eindrücke in Ihrem Geist, und diese Eindrücke wiederum werden zu Tatsachen und Erfahrungen in Ihrem Leben.

Ein Hausbauer malt sich die Art Bauwerk aus, die er gern hätte; er sieht es so vor sich, wie es hinterher aussehen soll. Die Bilder, die er vor sich sieht, und seine Überlegungen bilden eine Art Form, aus der das Bauwerk entsteht – ein schönes oder ein hässliches, ein Wolkenkratzer oder ein Bungalow. Auf dieses geistige Bild beruft sich der Hausbauer beim Anfertigen der Zeichnungen. Irgendwann tragen die Bauarbeiter dann die nötigen Materialien zusammen, und der Bau schreitet voran, bis das

Haus schließlich fertig ist – ein perfektes Abbild der gedanklichen Muster des Architekten.

Ich nutze die Visualisierungstechnik, bevor ich einen Vortrag halte. Ich lasse meinen Geist zur Ruhe kommen, um dem Unterbewusstsein meine Gedankenbilder zu übermitteln. Dann stelle ich mir das Publikum vor, lauter Männer und Frauen, von denen jeder Einzelne von der unendlichen heilenden Präsenz in seinem Inneren erleuchtet und beflügelt ist. Ich sehe sie vor mir, wie sie strahlen, glücklich und frei. Wenn ich diese Vorstellung einmal entwickelt habe, halte ich das Bild fest, während ich mir ausmale, wie ich die Menschen sagen höre: »Ich bin wieder gesund«, »Ich fühle mich wunderbar«, »Ich bin umgehend geheilt worden«, »Ich bin wie verwandelt«. So verharre ich etwa zehn Minuten lang, in denen ich weiß und spüre, dass der Geist und der Körper all dieser Menschen von Liebe, Gesundheit, Schönheit und Vollkommenheit durchdrungen sind. Das geht so weit, dass ich in meinem Kopf tatsächlich hören kann, wie die Menschen darüber sprechen, dass sie gesund und glücklich sind. Dann lasse ich das Bild los und betrete die Bühne. Fast jeden Sonntag kommt jemand zu mir und erzählt, seine Gebete seien erhört worden.

Die Filmmethode

Ein chinesisches Sprichwort lautet: »Ein Bild ist mehr wert als tausend Worte.« William James, der Vater der amerikanischen Psychologie, betonte den Umstand, dass das Unterbewusstsein jedes Bild in Realität umsetzen wird, das sich im Geist festsetzt und von Glauben untermauert wird. *Tu so, als wäre ich dort, und ich werde dort sein.*

Vor einigen Jahren war ich auf einer Vortragsreise im Mittleren Westen der USA unterwegs und wünschte mir, mich irgendwo in der Gegend niederzulassen, um von dort aus denen helfen zu können, die danach verlangten. Ich legte weite Strecken zurück, doch der Wunsch ging mir nicht aus dem Kopf. Eines Abends lag ich in einem Hotel in Spokane im Bundesstaat Washington ganz entspannt auf dem Sofa, besann mich auf mich selbst und malte mir ganz ruhig und gemächlich aus, wie ich zu einem großen Publikum sprach und so etwas sagte wie: »Ich freue mich, hier zu sein; ich habe gebetet, dass die ideale Gelegenheit eintritt.« Ich sah das imaginäre Publikum vor meinem inneren Auge, alles fühlte sich ganz real an. Ich war der Hauptdarsteller in diesem mentalen Film, führte Regie und war sehr zufrieden damit, dass er an mein Unterbewusstsein übermittelt wurde, das ihn dann in die Realität umsetzen konnte.

Am nächsten Morgen erfüllte mich beim Aufwachen ein Gefühl des Friedens und der Erfüllung, und ein paar Tage später traf ein Telegramm ein, in dem ich gebeten wurde, die Leitung einer Organisation im Mittleren Westen zu übernehmen. Natürlich sagte ich zu. Die Arbeit machte mir große Freude, und ich blieb mehrere Jahre dort. Die hier beschriebene Methode sagt vielen zu, die sie als die »Filmmethode« bezeichnet haben.

Ich habe unzählige Briefe von Leuten erhalten, die meine Radiosendungen oder meine wöchentlichen Vorträge gehört haben und mir nun erzählen, zu welch tollen Ergebnissen ihnen diese Methode beim Verkauf eines Hauses verholfen hat. Ich empfehle denjenigen, die so etwas vorhaben, zu der festen Überzeugung zu gelangen, dass der von ihnen angesetzte Preis angemessen ist. Dann, so erkläre ich, wird die unendliche Intelligenz ihnen den Käufer zuführen, der das Haus wirklich haben will und sich darin wohlfühlen wird. Danach rate ich den potenziellen Verkäufern, zur Ruhe zu kommen, sich zu entspannen, alles loszulassen und sich in eine tranceartige Stimmung zu versetzen, in der alle geistigen Bemühungen auf ein Minimum reduziert sind. In diesem Zustand sollen sie sich ausmalen, wie sie den Scheck in den Händen halten, sich daran erfreuen, sich dafür bedanken und mit dem Gefühl einschlafen, dass dieser

Film, den sie im Geist geschaffen haben, sich ganz natürlich anfühlt.

Sie müssen so tun, als handele es sich bei diesem Szenario um die objektive Realität; dann wird das Unterbewusstsein diesen Eindruck aufnehmen und über die tieferen Strukturen des Geistes Käufer und Verkäufer zusammenführen. *Ein geistiges Bild, das durch Glauben untermauert ist, wird zur Realität.*

Die Baudouin-Technik

Charles Baudouin war Professor am Rousseau-Institut in Frankreich. Er war ein genialer Psychotherapeut und Forschungsdirektor der Neuen Schule von Nancy, der 1910 lehrte, dass man am besten auf das Unterbewusstsein einwirken kann, indem man sich in einen schläfrigen, tranceähnlichen Zustand versetzt, bei dem alle geistigen Anstrengungen auf ein Minimum reduziert sind. In diesem Zustand übermittelte er auf ruhige, passive Weise Vorstellungen an das Unterbewusstsein. Seine Formel dafür lautete:

> *Eine ganz einfache Methode, um das (die Einwirkung auf das Unterbewusstsein) zu erreichen, besteht darin, die Idee, um die es geht, in einem kurzen Satz zusam-*

menzufassen, der sich leicht einprägen lässt, und diesen immer und immer wieder wie ein Schlaflied zu wiederholen.

Vor einigen Jahren war eine junge Frau aus Los Angeles in einen langwierigen, bitteren Familienrechtsstreit über ein Testament verwickelt. Ihr verstorbener Mann hatte ihr seinen gesamten Besitz vermacht, doch seine Söhne und Töchter aus einer vorherigen Ehe kämpften erbittert darum, das Testament anzufechten. Da erfuhr sie von der Baudouin-Technik und tat Folgendes: Sie ließ sich entspannt in einen Lehnstuhl sinken, erreichte einen tranceähnlichen Zustand und fasste ihr Ziel in einem Satz zusammen, der nur acht Wörter umfasste und sich leicht einprägen ließ: »Es ist alles gemäß der göttlichen Ordnung geklärt.«

Die große Bedeutung, die diese Worte für sie hatten, sollte zur Folge haben, dass die unendliche Intelligenz, die durch das Unterbewusstsein tätig wird, für eine harmonische Lösung sorgte. Die Frau wiederholte die Prozedur etwa zehn Tage lang jeden Abend. Sobald sie in den schläfrigen Zustand eingetreten war, sagte sie langsam, ruhig und gefühlvoll: »Es ist alles gemäß der göttlichen Ordnung geklärt.« Immer wieder, bis sie inneren Frieden und eine alles durchdringende Ruhe verspürte und in einen tiefen, erholsamen Schlaf fiel.

Am Morgen des elften Tages wachte sie mit einem neuen Wohlgefühl auf. Sie spürte, dass die Sache geklärt war. Noch am gleichen Tag rief ihr Anwalt an und teilte ihr mit, der Anwalt der Gegenseite und seine Klienten seien zu einem Vergleich bereit. Die beiden Parteien einigten sich auf gütliche Weise, und der Prozess wurde eingestellt.

Die Schlaftechnik

Wenn man einen schläfrigen Zustand erreicht, sind alle Anstrengungen auf ein Minimum reduziert. Das Bewusstsein ist zum größten Teil abgeschaltet. Der Grund dafür ist, dass das Unterbewusstsein direkt vor dem Einschlafen und gleich nach dem Aufwachen ganz nah an die Oberfläche vordringt. In diesem Zustand spielen negative Überlegungen, die dazu neigen, sich unseren innigsten Wünschen entgegenzustellen und so ihre Aufnahme ins Unterbewusstsein zu blockieren, keine Rolle mehr.

Stellen Sie sich vor, Sie wollten eine schlechte Angewohnheit loswerden. Nehmen Sie eine bequeme Position ein, entspannen Sie sich und liegen oder sitzen Sie ganz still da. Versetzen Sie sich in einen schläfrigen Zustand und wiederholen Sie dann ruhig ein ums andere

Mal wie ein Schlaflied: »Ich bin vollends von dieser Angewohnheit befreit, in meinem Geist herrschen Harmonie und Frieden.« Wiederholen Sie diese Affirmation jeden Abend vor dem Einschlafen und jeden Morgen nach dem Aufwachen langsam, leise und liebevoll fünf bis zehn Minuten lang. Mit jeder Wiederholung nimmt der emotionale Wert zu.

Wenn Sie den Drang verspüren, der schlechten Angewohnheit nachzugehen, sprechen Sie die Formel laut aus. So bewegen Sie das Unterbewusstsein dazu, die Idee anzunehmen, und Sie werden davon geheilt.

Die »Danke«-Technik

In der Bibel empfiehlt der Apostel Paulus, beim Aussprechen unserer Bitten voller Lob und Dankbarkeit zu sein. Diese einfache Gebetsmethode hat schon einige Male zu außergewöhnlichen Ergebnissen geführt. Das dankbare Herz ist den kreativen Kräften des Universums stets nahe und zieht so durch das Gesetz der wechselseitigen Beziehung, das auf dem kosmischen Gesetz von Aktion und Reaktion basiert, unzählige Gaben an.

So verspricht beispielsweise ein Vater seinem Sohn ein Auto zum Studienabschluss. Der Sohn hat den Wagen noch nicht erhalten, weiß aber, dass sein Vater sein Versprechen erfüllen wird, und ist bereits jetzt dankbar und glücklich. Er freut sich so sehr, als wäre das Auto schon sein. In Gedanken hat er es nämlich schon erhalten, und er ist voller Lob und Dankbarkeit.

Auch ein Mann, dem es an Geld mangelte, wandte die Technik mit herausragenden Ergebnissen an. Er sagte sich: »Die Rechnungen stapeln sich, ich habe keine Arbeit, drei Kinder und kein Geld. Was soll ich nur tun?« Drei Wochen lang wiederholte er jeden Abend und jeden Morgen die Worte: »Danke, Vater, für meinen Wohlstand.« Das tat er auf entspannte, friedvolle Art und Weise, bis das Gefühl der Dankbarkeit in ihm vorherrschte. Er stellte sich vor, er wende sich direkt an die unendliche Kraft und Intelligenz in seinem Inneren, natürlich in dem Wissen, dass man die kreative Intelligenz oder den unendlichen Geist eigentlich nicht sehen kann. Er nutzte jedoch das innere Auge der spirituellen Wahrnehmung und erkannte, dass das gedankliche Bild des Reichtums der erste Schritt auf dem Weg zum benötigten Geld, zu einer Arbeitsstelle und zu ausreichend Nahrung für die Familie sein würde. Seine Gedanken und Gefühle bildeten die Essenz des Wohlstands, unabhängig von allen Umständen.

Indem er ein ums andere Mal »Danke, Vater« sagte, öffneten sich sein Geist und sein Herz und nahmen das Bild auf, und wenn ihn Angst und Gedanken an Mangel,

Armut und Elend überkamen, wiederholte er seine Formel so oft wie nötig. Er wusste, dass diese dankbare Geisteshaltung die Idee des Wohlstands in seinem Unterbewusstsein verankern würde, und so kam es dann auch.

Was nach dem Gebet geschah, ist äußerst spannend. Der Mann traf auf der Straße einen ehemaligen Arbeitgeber, den er seit 20 Jahren nicht gesehen hatte. Dieser bot ihm einen sehr lukrativen Posten an und gab ihm einen Vorschuss von 500 Dollar. Heute sitzt der Mann in der Führungsetage des Unternehmens, für das er tätig ist. Letztens sagte er zu mir: »Ich werde nie vergessen, was der Satz ›Danke, Vater‹ ausrichten kann. Bei mir hat er Wunder bewirkt.«

Die argumentative Methode

Diese Methode funktioniert genauso, wie es der Name besagt. Sie geht auf Dr. Phineas Parkhurst Quimby zurück, einen Pionier der mentalen und spirituellen Heilung, der vor über 150 Jahren in der Stadt Belfast im US-Bundesstaat Maine lebte und praktizierte. Sein Werk *The Quimby Manuscripts* erschien 1921 in einer von Horatio Dresser herausgegebenen Ausgabe im New Yorker Verlag Thomas Y. Crowell. Darin finden sich Zeitungsberichte über die erstaunlichen Ergebnisse, die dieser

Mann durch Gebete bei der Heilung von Kranken erzielte. Quimby gelangen viele der Wunderheilungen, die schon in der Bibel vorkommen.

Zusammengefasst besteht die argumentative Methode aus einem geistigen Dialog, in dem man dem Patienten und sich selbst vor Augen führt, dass die Krankheit auf dessen falsche Überzeugungen, auf grundlose Ängste und negative Muster zurückgeht, die sich im Unterbewusstsein festgesetzt haben. Man diskutiert die Sache im Geist und überzeugt den Patienten davon, dass das Leiden oder die Krankheit auf den entsprechenden schädlichen Mustern basiert, die in seinem Körper Ausdruck gefunden haben. Der falsche Glaube an eine äußere Macht und äußere Gründe ist also in Form einer Krankheit zutage getreten, die durch eine Veränderung der Denkmuster geheilt werden kann.

Man erklärt dem Kranken, dass die Grundlage jeglicher Heilung ein Glaubenswandel ist. Außerdem weist man ihn darauf hin, dass das Unterbewusstsein den Körper und alle Organe erschaffen hat und daher über das Wissen und die Fähigkeit verfügt, ihn zu heilen. Und dass es jetzt gerade schon dabei ist. Man argumentiert im Gerichtssaal des Geistes, dass die Krankheit ein geistiger Schatten ist, der auf gesundheitsschädliche Gedankenbilder zurückzuführen ist. Man bringt alle Beweise vor, die für die Heilkraft des Menschen sprechen, die alle Organe ursprünglich erschaffen hat und über ein perfektes Muster für jede Zelle, jeden Nerv und jedes Stück Gewebe verfügt. Dann fällt man in diesem Gerichtssaal des Geistes ein Urteil zugunsten seiner selbst und des Patienten. Man befreit den Kranken durch Glauben und spirituelle Einsicht. Die mentale und spirituelle Beweislast ist überwältigend, und da es nur einen Geist gibt, wird das, was man für wahr hält, sich auch in der Erfahrung des Patienten niederschlagen.

Die absolute Methode

Viele Menschen auf der ganzen Welt schwören auf diese Behandlungsform und ihre wunderbaren Resultate. Wer sie anwendet, nennt den Namen des Patienten, etwa John Jones, und denkt dann ohne ein weiteres Wort an Gott und seine Fähigkeiten und Eigenschaften, etwa daran, dass Gott das pure Glück, endlose Liebe, unendliche Intelligenz, allmächtige, grenzenlose Weisheit, absolute Harmonie, unbeschreibliche Schönheit und Vollkommenheit verkörpert.

Diese Gedanken heben das Bewusstsein desjenigen, der sie denkt, auf eine neue spirituelle Wellenlänge, wo er spürt, wie der unendliche Ozean der Liebe Gottes im Geist und im Körper von John Jones – für den er betet –

nun alles auflöst, was nicht dorthin gehört. Er fühlt, wie die Kraft und die Liebe Gottes auf John Jones gerichtet sind und wie das, was diesen plagt oder quält, jetzt in Gegenwart des unendlichen Ozeans des Lebens und der Liebe vollständig vergeht.

Durch die erhebende Bewusstseinserfahrung, die wir machen, wenn wir die Eigenschaften und Fähigkeiten Gottes betrachten, erzeugen wir spirituelle Wellen der Harmonie, der Gesundheit und des Friedens. Viele bemerkenswerte Heilungen gehen auf diese Technik zurück.

Der bereits zuvor erwähnte Dr. Phineas Parkhurst Quimby setzte in den späteren Jahren seiner Laufbahn als Heiler auf die absolute Methode. Er war im Grunde der Vater der psychosomatischen Medizin und der erste Psychoanalytiker. Er war in der Lage, hellseherisch die Ursachen der Probleme, Schmerzen und Leiden seiner Patienten zu erkennen. Die folgenden Absätze enthalten die Zusammenfassung eines Berichts, der davon handelt, wie Quimby eine Gelähmte heilte. Dieser Bericht ist in seinen Manuskripten enthalten.

Quimby wurde zu einer Frau gerufen, die gelähmt, alt und bettlägerig war. Seiner Meinung nach war ihr Leiden darauf zurückzuführen, dass sie in einem Glaubenssystem feststeckte, das so eng und beschränkt war, dass sie weder aufrecht stehen noch sich umherbewegen konnte. Sie lebte in einem Grab aus Furcht und Unwissenheit und legte darüber hinaus die Bibel wörtlich aus, was ihr Angst einjagte. »In diesem Grab«, erklärte Quimby, »versuchten die Gegenwart und die Macht Gottes, die Wände aufzusprengen, die Fesseln zu lösen und für eine Auferstehung zu sorgen.« Wenn die Frau andere darum bat, ihr eine Bibelpassage zu erläutern, stellte die Antwort nur einen weiteren Stein dar, aber die Frau hungerte nach dem Brot des Lebens.

Dr. Quimbys Diagnose lautete, dass der Geist der Frau von lauter Angst und Erregung umwölkt war und feststeckte, weil sie nicht in der Lage war, die Bedeutung der Bibelpassage zu verstehen, die sie vorher gelesen hatte. Das schlug sich darin nieder, dass sich ihr Körper schwerfällig und träge anfühlte und sie schließlich ganz gelähmt war. Da fragte Quimby sie nach der Bedeutung folgender Bibelverse: »Ich bin nur noch kurze Zeit bei euch; dann gehe ich fort, zu dem, der mich gesandt hat. Ihr werdet mich suchen, und ihr werdet mich nicht finden; denn wo ich bin, dorthin könnt ihr nicht gelangen.« (Johannesevangelium 7, 33f.) Sie antwortete, es hieße, Jesus sei in den Himmel aufgefahren.

Doch Quimby führte ihr die wahre Bedeutung der Verse vor Augen: Die »kurze Zeit« beziehe sich auf seine Erklärung ihrer Symptome, ihrer Gefühle und deren Ursache. Er habe in diesem Augenblick Mitleid mit ihr und fühle mit ihr, könne aber nicht in diesem geistigen Zustand verharren. Der nächste Schritt bestehe darin, zu dem zu gehen, der uns gesandt hat, also zur Schöpferkraft Gottes, die in uns allen steckt. Quimby unternahm sofort eine Reise in seinen Geist und betrachtete das göttliche Ideal, das heißt die Lebenskraft, die Intelligenz, die Harmonie und die Macht Gottes, die in der Kranken wirkten. Dann sagte er zu der Frau: »Deshalb heißt es: ›Wo ich bin, dorthin kannst du nicht gelangen, weil du in deinen engen, beschränkten Überzeugungen feststeckst und ich mich im Reich der Gesundheit befinde.‹« Dieses Gebet und die Erklärung zeigten sofort Wirkung und sorgten für ein Umdenken bei der Frau. Sie stand auf und lief ohne Krücken umher.

Quimby sagte, er habe diese Heilung als etwas ganz Besonderes empfunden. Durch ihr falsches Denken war die Frau wie tot gewesen, und sie zur Wahrheit zu führen, sei einer Auferweckung von den Toten gleichgekommen. Quimby verwies die Frau auf die Auferstehung Christi und stellte eine Verbindung zu ihrer eigenen Gesundheit her, was gewaltige Auswirkungen auf sie hatte. Außerdem erklärte er ihr, dass die Wahrheit, die sie nun akzeptierte, der Engel oder der Gedanke war, der den Stein der Angst, der Unwissenheit und des Aberglaubens wegrollte und so die Heilkraft Gottes freisetzte, die sie gesunden ließ.

Die Beschlussmethode

Welche Macht unsere Worte haben, hängt von unserem Glauben und den Emotionen dahinter ab. Wenn wir feststellen, dass sich die Kraft, die dafür sorgt, dass die Welt sich dreht, von uns steuern lässt und unsere Worte bekräftigt, steigert das unsere Zuversicht und unser Selbstvertrauen. Man kann der Macht nicht mit Macht beikommen – daher sollten Sie auf geistige Anstrengungen, Zwang, Druck und mentale Ringkämpfe verzichten.

Ein junges Mädchen setzte die Beschlussmethode bei einem jungen Mann ein, der sie ständig anrief, sich mit ihr treffen wollte und bei ihrer Arbeit auftauchte. Sie wurde ihn einfach nicht los. Also beschloss sie Folgendes: »Ich lasse _____ ziehen. Er ist an dem Ort, der für ihn der richtige ist. Er ist frei und ich bin frei. Ich beschließe hiermit, dass meine Worte in den unendlichen Geist eingehen und diese Entwicklung herbeiführen. So sei es.«

Sie sagte, daraufhin sei er verschwunden und sie habe ihn nie wieder gesehen: »Er war wie vom Erdboden verschluckt.« In der Bibel steht: »Beschließt du etwas, dann trifft es ein, und Licht überstrahlt deine Wege.« (Hiob 22, 28)

Über den Autor

Dr. Joseph Murphy, am 20. Mai 1898 im Süden Irlands geboren, wanderte 1922 in die USA aus. Er studierte Religionswissenschaften, Philosophie und Jura und erlangte in allen Fächern den Doktorgrad. 1962 publizierte er sein Hauptwerk *Die Macht Ihres Unterbewusstseins*, das drei Jahre später bei Ariston in der deutschen Ausgabe erschien. Dr. Joseph Murphy ist Autor zahlreicher weiterer Bücher, die in der ganzen Welt zu Bestsellern wurden. Er starb 1981 in Laguna Hills, Kalifornien/USA.